Week 08

QR코드 하나를 가리고 찍으면 편해요!

Day 01 기출 패러프레이징 ③ Part 3, 4

MP3 바로듣기

강의 바로보기

1 show A around

• give A a tour
A에게 구경시켜주다

A에게 구경시켜주다

M: We plan to **show Mr. Kwon around** the recording studio once he arrives later this afternoon.
저희는 권 씨가 오늘 오후 늦게 도착하면 그에게 녹음실을 구경시켜드릴 계획입니다.

Q. 무엇을 할 것인가?
➜ **Give a client a tour**

2 finalize

• finish 끝내다

마무리하다, 끝내다

W: Please be sure to **finish** writing the details for the conference schedule by tomorrow.
회의 일정에 대한 세부사항 작성을 내일까지 꼭 완료하시기 바랍니다.

Q. 무엇을 하라고 하는가?
➜ **Finalize** a schedule

3 stop by

• visit 방문하다
• drop by, come by 들르다

들르다

M: I'm going to **stop by** the supplier's warehouse tomorrow to check out their storage situation.
내일 공급업체 창고에 들러 보관 상황을 확인할 예정입니다.

Q. 내일 무엇을 할 것인가?
➜ **Visit** a warehouse

4 organize

- plan, arrange, prepare
  계획하다, 준비하다

● ~을 조직하다, 준비하다

W: You did such an amazing job **organizing** the Leadership Conference. I want to thank you for your hard work in attracting over 300 attendees!

리더십 컨퍼런스 준비를 정말 잘 해내셨어요. 300명이 넘는 참석자를 유치하기 위해 열심히 노력해주셔서 감사합니다!

Q. 무엇에 대해 감사하는가?
➜ **Planning** a large event

5 collaborate with

- work (together) with
  ~와 함께 작업하다
- in cooperation with
  ~와 협력하여

● ~와 협력하다

M: If you're feeling stuck, I recommend **working together with** Henson. He usually has great ideas when it comes to creating engaging presentations.

하다가 막히면, 헨슨 씨와 작업하시는 것을 추천합니다. 그는 매력적인 프레젠테이션을 만드는 일에 관한 한 거의 늘 좋은 아이디어를 가지고 있습니다.

Q. 무엇을 할 것을 권하는가?
➜ **Collaborate with** a colleague

6 (job) opening

- vacancy 공석
- position 자리

● 공석, 빈 자리

W: I know you mentioned that there's a new **opening** in the sales department, too. I'll upload a post about it on our job board by the end of today.

영업부에도 공석이 생긴다고 말씀하셨지요. 오늘 중으로 채용 게시판에 관련된 글을 올리겠습니다.

Q. 무엇을 하겠다고 하는가?
➜ Advertise a job **vacancy**

7 challenging

- difficult 어려운

어려운, 힘든

M: Our park also offers several hiking trails. Keep in mind though, they are **challenging** and meant for more experienced climbers.

저희 공원에는 여러 등산로가 있습니다. 하지만 이 등산로들은 어려워서, 경험이 풍부한 등산객들을 위한 것임을 명심하시기 바랍니다.

Q. 등산로에 대해 뭐라고 말하는가?

➜ They are **difficult**.

8 purchase in bulk

- order more than ~ 이상을 주문하다
- large order 대량 주문
- in large quantities 대량으로

대량으로 구매하다

W: The cups are 8 dollars each, but if you **order more than 50**, you'll get 20 percent off of the total price.

컵이 각각 8달러인데요, 50개 이상 주문하시면 전체 금액에서 20% 할인을 받게 됩니다.

Q. 어떻게 할인을 받을 수 있는가?

➜ By **placing a large order**
By **purchasing in bulk**
By **buying in large quantities**

9 verify

- confirm (사실임을) 확인하다

v. (사실인지) 확인하다, 확인해주다

M: Hi, this is Mark Shen. I just wanted to **confirm** that I will be able to meet you as scheduled tomorrow at 10 AM.

안녕하세요, 저는 마크 쉔입니다. 내일 오전 10시에 예정된대로 당신을 만날 수 있다는 걸 확인해드리고 싶었어요.

Q. 왜 전화했는가?

➜ To **verify** an appointment

10 a form of identification

- photo ID 사진이 있는 신분증
- ID badge 신분증 명찰
- passport 여권
- driver's license 운전면허증

● 신분증

W: I'll just need to see some **photo ID** to verify your registration. Do you have your **passport** or **driver's license** with you?

귀하의 등록을 확인해드리기 위해 제가 사진이 부착된 신분증을 확인해야 합니다. 여권이나 운전 면허증을 갖고 계신가요?

Q. 무엇을 보여달라고 하는가?
➜ **A form of identification**

11 expedited shipping

- express shipping 빠른 배송

● 급송, 신속 배송

M: Is there also an option for **express shipping**? I would like to receive the sunglasses as soon as possible.

급송도 가능한가요? 선글라스를 최대한 빨리 받고 싶습니다.

Q. 무엇을 요청하는가?
➜ **Expedited shipping**

12 easy to use

- user-friendly
  사용자 친화적인

● 사용하기 쉬운

W: Our remote controls are **user-friendly**. By offering a modern design with minimal buttons, you no longer have to struggle to perform simple functions.

저희 리모콘은 사용자 친화적입니다. 최소한의 버튼으로 이루어진 현대적인 디자인을 제공하므로 여러분은 더 이상 간단한 기능을 수행하는 데 어려움을 겪을 필요가 없습니다.

Q. 제품의 어떤 점을 강조하는가?
➜ They are **easy to use**.

13 **look into**

• investigate 조사하다

● ~을 조사하다

M: I understand that you're calling to check what happened to your package. Please give me a minute to **look into** it.

귀하의 택배에 무슨 일이 있었는지 확인 차 전화하신 것으로 알고 있습니다. 잠시만 기다려주시면 제가 알아보겠습니다.

Q. 무엇을 하겠다고 하는가?
➜ **Investigate** an order

14 **accompany**

• come along with 함께 가다

● ~와 동행하다

W: I need a photographer to **accompany** me to the excavation site. Do you think you can help me with hiring someone?

발굴 현장에 동행해 줄 사진작가가 필요합니다. 사람을 고용하는 것을 도와주실 수 있을까요?

Q. 무엇에 대해 도움을 요청하는가?
➜ Finding someone to **come along with** her

15 **schedule**

• arrange, set (일정 등을) 잡다

● v. ~의 일정을 잡다

M: Our director wants to meet with the sellers in person next week. Can you **arrange** a time and place for them?

다음 주에 이사님께서 판매자분들을 직접 뵙고 싶어 하십니다. 시간과 장소를 잡아주실 수 있나요?

Q. 무엇을 해달라고 하는가?
➜ **Schedule** a meeting

16 assemble

• put together
조립하다, (이것저것을 모아) 만들다

● ~을 조립하다

W: My name is Kara, and I'm going to be training you on how to **put together** our lightweight bookshelves. These are our best-selling products.

제 이름은 카라이고, 저희 회사의 경량 책장을 조립하는 방법에 대해 알려드릴 예정입니다. 그것들은 저희가 가장 많이 판매하는 제품들입니다.

Q. 교육의 주된 내용은?
➜ **Assembling** some furniture

17 proceed to

• head to, go to ~로 가다

● ~로 가다

M: If you've made an appointment online, please **proceed to** service window number 1 to receive assistance immediately.

온라인으로 예약하셨다면, 즉시 1번 창구로 가셔서 도움을 받으시기 바랍니다.

Q. 예약을 한 방문객들은 무엇을 해야 하는가?
➜ **Go to** a specific service window

18 turn down

• reject 거절하다

● ~을 거절하다

W: I'm disappointed that the investors **turned down** our proposal. I thought the agreement would have a lot of potential.

투자자들이 우리의 제안을 거절한 것에 실망했습니다. 저는 그 계약에 많은 가능성이 있을 거라고 생각했습니다.

Q. 왜 실망했는가?
➜ A proposal was **rejected**.

19 mandatory

• required 필수의

● 필수의, 의무적인

M: The seminar will focus on strategic development, so attendance for all employees is **mandatory**.

그 세미나는 전략적 개발에 초점을 맞출 것이기 때문에 전 직원이 의무적으로 참석해야 합니다.

Q. 세미나에 대해 뭐라고 하는가?

➜ Attendance is **required.**

20 space

• room 방, 공간

● 공간

W: I heard we won't be able to hold client meetings here during the renovation. Why don't we call Meeting Solutions? They rent out meeting **rooms**.

개조 공사를 하는 동안 이곳에서 고객 미팅을 열 수 없을거라 들었습니다. 미팅 솔루션즈 사에 전화해보는 게 어떨까요? 거긴 회의실을 대여해 줍니다.

Q. 무엇을 제안하는가?

➜ Renting some meeting **spaces**

21 resign

• step down, retire 물러나다, 퇴직하다

● 물러나다, 사임하다

M: It's unfortunate that Ms. Atkinson chose to **step down** from her position as CEO. She was a really inspiring figure.

앳킨슨 씨가 최고 경영자 자리에서 물러나기로 한 것은 유감스러운 일입니다. 그녀는 정말 영감을 주는 인물이었습니다.

Q. 왜 실망하는가?

➜ A chief executive has **resigned.**

22 demonstrate

• show A how to
A에게 ~하는 법을 알려주다

● 시연하다, 하는 법을 보여주다

W: Next, I'll **show you how to** use our hotel's reservation management system.

다음으로, 저희 호텔의 예약 관리 시스템을 이용하는 법을 보여드리겠습니다.

Q. 이어서 무엇을 할 것인가?
➜ **Demonstrate** a computer program

23 can't find
can't locate

• misplace
제자리에 두지 않아 찾지 못하다, 둔 곳을 잊다

● (어디에 있는지) 찾지 못하다

M: Have you perhaps seen where I put my briefcase? I **can't find** it anywhere in the office, but I need to use my laptop that's in there.

혹시 제가 서류 가방을 어디에 두었는지 보셨나요? 사무실 어디에서도 못 찾겠는데, 안에 있는 노트북을 사용해야 해요.

Q. 어떤 문제가 있는가?
➜ He has **misplaced** his briefcase.

24 draft

• rough version 초안

● 초안

W: I'm still working on the **rough version** of the press release, but I should be able to send it to you for review by 3 o'clock at the latest.

제가 아직 보도자료 초안을 작성 중인데, 늦어도 3시까지는 검토를 위해 보내드릴 수 있을 것 같습니다.

Q. 3시까지 무엇을 하겠다고 하는가?
➜ Submit a **draft**

25 be familiar with

• know A well A를 잘 알다

~을 잘 알다

M: Ask Kate for some help. She's very **familiar with** the recruitment process.

케이트에게 도움을 요청하세요. 그녀가 채용 절차를 잘 알아요.

Q. 케이트에 대해 뭐라고 하는가?

➜ She **knows a procedure well.**

26 sample

• try 맛보다, 사용해보다

v. ~을 시식하다

W: Bargain Market appreciates your business. Today only, customers can visit our snack aisle to **sample** our handmade dried fruits mix, made in-store daily.

바게인 마켓을 이용해 주셔서 감사합니다. 오늘 단 하루, 고객들은 저희의 간식 통로에 오셔서 매일 매장에서 만들어지는 수제 건과일 믹스를 시식할 수 있습니다.

Q. 고객들이 무엇을 할 수 있는가?

➜ **Try** some snacks

27 be prohibited

• be not allowed 허용되지 않다

금지되다

M: Wait, you'**re not allowed** to park there. There's a sign that says that those spots are for emergency vehicles only.

잠시만요, 거기 주차하시면 안 됩니다. 저기에 비상 차량 전용이라고 쓰여 있는 표지판이 있어요.

Q. 주차에 대해 뭐라고 말하는가?

➜ It **is prohibited** in certain spots.

28 reception

• party 파티

● 파티, 연회

W: There's a **reception** next week for me and some people transferring to the New York branch. I hope you can make it. It's next Friday.

저와 뉴욕 지사로 전근가는 몇몇 사람들을 위한 파티가 다음 주에 있어요. 당신도 참석하시면 좋겠어요. 다음 주 금요일입니다.

Q. 금요일에 어떤 일이 있을 것인가? ➜ A **party**

29 unique

• special 특별한

• unlike other + 명사
다른 ~와는 다르게

● 독특한

M: I think Sona's Jewelry Shop would be the perfect vendor to work with. They make **unique** designs for their jewelry.

소나 주얼리 숍이 거래하기에 완벽한 판매자 같아요. 그들은 주얼리 제품으로 독특한 디자인을 만들어요.

Q. 판매자에 대해 무엇을 마음에 들어 하는가?
➜ They create **special** designs.

30 adjacent

• close 가까운

● 인근의, 가까운

W: I'll be staying in a hotel during the trip. It's **adjacent** to the beach, so I'm excited for that.

여행하는 동안 호텔에 묵을 예정입니다. 바닷가와 인접해 있어서 기대가 됩니다.

Q. 호텔에 대해 왜 기대하고 있는가?
➜ It is **close** to a beach.

31 stay

• remain ~인 채로 있다

● ~인 채로 있다

M: Our quarterly sales have **stayed** the same for three terms in a row now.

분기 매출이 3분기 연속으로 제자리 걸음을 하고 있습니다.

Q. 무엇을 언급하는가?
➜ Some sales have **remained** the same.

32 be out of town

• be away on business
출장 중이다

(출장 등으로) 출타중이다

W: Actually, I **was out of town** for a client meeting all of last week, so I wasn't able to finish the task you assigned me.

사실은, 지난주 내내 고객 미팅 때문에 출타중이었어서 제게 할당해주신 업무를 다 못 끝냈어요.

Q. 왜 업무를 마치지 못했는가?
➜ She was **away on business.**

33 be responsible for

• be in charge of
맡다, 담당하다

~을 책임지다, ~을 담당하다

M: I'**m responsible for** planning the company's annual year-end party, and I need help hiring a band to play for us.

저는 회사의 연례 연말 파티를 계획하는 일을 맡고 있고, 우리를 위해 연주할 밴드를 고용하는 데 도움이 필요합니다.

Q. 무엇을 맡고(**in charge of**) 있는가?
➜ Organizing a party

만점 TIP
• 이와 같이 질문에 paraphrase되는 경우도 자주 등장합니다.

34 punctual

• be on time 시간을 잘 지키다

시간을 잘 지키는

W: I know a mechanic! I highly recommend Dave Burris because he's always **on time** to all service calls.

제가 아는 정비사가 있어요! 데이브 버리스 씨를 적극 추천하는데요, 그는 항상 모든 서비스 요청에 대해 시간을 잘 지키기 때문이에요.

Q. 데이브 버리스에 대해 뭐라고 하는가?
➜ He is **punctual.**

35 assist

• help, give A a hand
도와주다

● 도와주다

M: Mark, I want you to meet Amelia. Amelia is starting work today. Could you show her around and **help** her find her way to her workstation?

마크 씨, 아멜리아 씨를 소개할게요. 아멜리아 씨는 오늘 첫 근무를 시작하십니다. 그녀에게 주변을 안내해주고 자리로 가는 길을 찾는 것을 도와주시겠어요?

Q. 요청하는 것은 무엇인가?
➜ **Assist** a new employee

36 research

• do a search 조사하다

● 조사하다, 연구하다

W: I'll **do a search** into the market trends from the past year. That'll give us a good idea of where to direct our marketing efforts.

지난 한 해 동안의 시장 동향을 조사해 보겠습니다. 마케팅 활동을 어떤 방향으로 해야 할지에 대해 좋은 아이디어를 줄 것입니다.

Q. 여자는 무엇을 할 것인가?
➜ Conduct some market **research**

37 save energy

• conserve energy
에너지를 절약하다

• reduce energy consumption
에너지 소비를 줄이다

• energy-efficient
에너지 효율적인

● 에너지를 절약하다

M: Our client mentioned that she is passionate about **reducing** her **energy consumption**, so we should probably recommend her more **energy-efficient** appliances.

우리 고객이 에너지 소비를 줄이는데 열정을 가지고 있다고 언급했으므로, 우리는 아마도 그녀에게 더 에너지 효율적인 가전제품을 추천해야 할 것입니다.

Q. 고객이 관심 있어 하는 것은?
➜ **Saving energy**

38 **surplus**

• excess 과잉
• too many 너무 많은

● 잉여, 과잉

W: Not as many customers came in today as we expected, so we have **too many** scones and donuts left over. What should we do with them?

오늘은 예상만큼 손님이 많이 오지 않아서 스콘과 도넛이 너무 많이 남았습니다. 이것들을 어떻게 해야 할까요?

Q. 무엇에 대해 이야기하고 있는가?
➜ Addressing a **surplus** of items

39 **customer review**

• what customers are saying 고객들이 말하는 바

● 고객 후기, 고객 평가

M: See **what other customers are saying** about our premium beef selection at starfieldranchbeef.com.

starfieldranchbeef.com에서 우리의 프리미엄 소고기 제품에 대한 고객 평가를 확인해 보십시오.

Q. 웹사이트에서 무엇을 찾을 수 있는가?
➜ **Customer reviews**

40 **remove**

• discard, get rid of, dispose of
버리다, 폐기하다, 처분하다

● ~을 제거하다, 없애다

W: Laura, don't forget to **discard** the food waste before leaving for the day. We don't want any bugs gathering in the kitchen overnight.

로라, 오늘 가기 전에 음식물 쓰레기 버리는 것을 잊지 마세요. 밤새 부엌에 벌레가 모이는 것을 원치 않습니다.

Q. 무엇을 하라고 하는가?
➜ **Remove** some trash

DAILY QUIZ

질문을 읽고 음원을 들은 뒤, 정답을 골라보세요.

1 What service does the woman describe?

(A) Express shipping
(B) Real-time tracking

M: Hi, I have a package that needs to be sent to New York City. My situation's quite urgent.
W: Alright, we do offer expedited shipping, but for an extra 12 dollars. Would that be okay?

2 Why does the woman reject the man's offer?

(A) She has a mandatory training to attend.
(B) She is extremely busy.

M: Would you like to come along with me to the reception organized for Mr. Chang's retirement? He's the founder of the marketing agency we collaborated closely with last year.
W: I'd love to accompany you, but I'll have to turn down the opportunity. My schedule is really packed this week.
M: Got it. I'll ask someone else if they'd like to attend the party.

3 According to the speaker, what can the listeners find on a Web site?

(A) Survey questions
(B) Customer reviews

W: Our mini refrigerators are perfect for single households and dorm rooms. Plus, they're easy to assemble and offer unique features, like a lockable door, customizable temperatures, and even an ice dispenser. Check out what customers are saying about our mini refrigerators on our Web site today.

정답 **1** (A) **2** (B) **3** (B)

1 **according to**

• ~에 따르면

기출 **according to** survey results 설문조사 결과에 따르면

according to Ms. Val 벨 씨에 따르면

------- comment cards filled out last week, our new dessert menu is a huge success.

(A) According to (B) Instead of

2 **on behalf of**

• ~을 대표하여, 대신하여

기출 **on behalf of** his team
그의 팀을 대표하여

on behalf of Mayor Dan
댄 시장을 대신하여

Philip Seyomour, the CFO of Azard Corporation, will accept the award ------- the company's founder.

(A) on behalf of (B) like

3 **along with**

• ~와 함께, ~을 따라서

기출 **along with** your application 귀하의 지원서와 함께

along with Ms. Alexa 알렉사 씨를 따라서

------- your résumé, please provide a portfolio of your previous graphic design work.

(A) Except for (B) Along with

4 **among**

• ~ 중에서, ~ 사이에서

기출 **among** the nominees
지명자들 중에서

collaboration **among** coworkers
동료들 사이에서의 협동

Michael Watson's new movie set during World War II proved most popular ------- filmgoers aged over 30.

(A) outside (B) among

5 **at least**

• 적어도, 최소한

기출 **at least** two years of relevant experience
적어도 2년의 관련 경험

Reservations for tables on our outdoor patio must be placed ------- two months in advance.

(A) in case of (B) at least

6 **beyond**

• ~을 넘어서, 초과하여

기출 **beyond** the entry gate 출입구를 넘어서

Only festival attendees with VIP passes are permitted ------- the barrier at the side of the stage.

(A) beyond (B) during

7 **concerning**

• ~에 관하여

기출 **concerning** the training seminar
교육 세미나에 관하여

concerning the plans to merge with
~와 합병할 계획에 관하여

The energy company sent an e-mail to all customers ------- the recent increase in electricity rates.

(A) concerning (B) owing

8 despite

• ~에도 불구하고

기출 **despite** losses in the second quarter
2분기의 손실에도 불구하고

despite several deadline extensions
여러 번의 마감일 연장에도 불구하고

The construction of the new bowling alley has been canceled ------- demand from local residents for new recreational facilities.

(A) except (B) despite

9 due to

• ~로 인해, ~ 때문에

기출 **due to** inclement weather
악천후로 인해

due to scheduled maintenance
예정된 유지보수 때문에

The Eagle Run ski route is off-limits today ------- concerns about dangerous conditions.

(A) due to (B) as for

10 except

• ~을 제외하고

기출 **except** a limited number of staff
한정된 직원 수를 제외하고

except personal checks
개인 수표를 제외하고

No one ------- the movie's director has been allowed to see the final few pages of the screenplay.

(A) out of (B) except

11 following

~ 후에, ~ 다음에

기출 **following** widespread speculation
추측들이 널리 퍼진 후에

following the luncheon
오찬 후에

------- the positive reviews of her debut music album, Greta Inglis embarked on a global tour.

(A) Following (B) Like

12 given

~을 감안하면

기출 **given** his negotiation skills
그의 협상 기술을 감안하면

given her limited experience in law
법 분야에서의 제한된 경험을 감안하면

------- the rise in fuel prices, more and more workers are choosing to commute by bicycle.

(A) Provided (B) Given

13 in accordance with

~에 따라서

기출 **in accordance with** generally accepted standards
일반적으로 수용되는 기준에 따라서

Wootton Engineering conducts safety inspections ------- nationally implemented government guidelines.

(A) as opposed to (B) in accordance with

14 in addition to

~에 더하여, ~뿐만 아니라

기출 **in addition to** expanding our hours of operation
우리의 운영 시간을 연장하는 것에 더하여

in addition to excellent academic credentials
훌륭한 학업 자격뿐만 아니라

------- supplying a wide range of food and beverages, Marion Catering provides experienced serving staff.

(A) In addition to (B) As soon as

15 ahead of

~보다 앞서, 빨리

기출 one day **ahead of** the general public
일반 대중보다 하루 앞서

ahead of schedule
일정보다 빨리

The maintenance team is attempting to fix a problem with the exhibition center's audio system ------- next month's Business Software Convention.

(A) ahead of (B) along with

16 in the event of

~의 경우에

기출 **in the event of** heavy snowfall
폭설의 경우에

in the event of a computer system failure
컴퓨터 시스템 장애의 경우에

------- heavy rain, the arts and crafts fair will be held in Dingley Community Center instead of Fairland Park.

(A) As much as (B) In the event of

17 including

~을 포함하여

기출 **including** tax
세금을 포함하여

including three new nominees
새로운 세 명의 후보들을 포함하여

All Mayfair Hotel employees, ------- housekeeping staff, must attend the customer service workshop on May 6.

(A) about (B) including

18 instead of

~ 대신에

기출 **instead of** residential areas
주거 지역 대신에

instead of renewing their contract
그들의 계약을 갱신하는 대신에

Due to delay in obtaining the necessary permit, construction of the shopping mall will begin next month ------- this month.

(A) instead of (B) except for

19 opposite

~ 반대편의, ~ 맞은편의

기출 stand **opposite** the marketing manager
마케팅 부장과 반대편에 서다

parking lot **opposite** the power plant
발전소 맞은편의 주차장

As we are planning to renovate the west wing, all visitors should use the public parking lot ------- the company headquarters.

(A) opposite (B) apart

20 owing to

~ 때문에

기출 **owing to** rising fuel prices
증가하는 연료 가격 때문에

owing to a flood from the nearby river
근처 강으로부터의 홍수 때문에

------- the high cost of the renovation project, company executives will not receive a year-end bonus.

(A) Owing to (B) Such as

21 per

~당, ~마다

기출 one coupon **per** customer
손님당 하나의 쿠폰

For the time being, there is a limit of one free beverage ------- passenger.

(A) by (B) per

22 pertaining to

~에 관계된, 속하는

기출 additional details **pertaining to** the workshop
워크숍에 관계된 추가 세부사항들

address issues **pertaining to** our products
우리 상품에 속한 문제들을 처리하다

Additional information ------- the workshop is detailed in the brochure that will be handed out shortly.

(A) pertaining to (B) in spite of

23 prior to

~ 이전에

기출 **prior to** the first meeting
첫 회의 이전에

prior to sending products
제품들을 보내기 이전에

To help new staff members prepare for their roles, the company handbook was sent to each member ------- the orientation session.

(A) in favor of (B) prior to

24 rather than

~보다는 (차라리)

기출 changes in some recipes **rather than** new packaging
새로운 포장보다는 몇몇 요리법에서의 변화

expand its floor **rather than** buying a new facility
새로운 시설을 매매하기보다는 자사 건물의 층을 확장하다

Ms. Jones would like to reschedule the sales meeting for next Wednesday ------- tomorrow.

(A) rather than (B) just as

25 regarding

~에 관한

기출 information **regarding** our new product line
우리의 새로운 제품군에 관한 정보

questions **regarding** access to the account
계정 접근에 관한 질문들

Feel free to contact your supervisor if you have any questions ------- the vacation leave or sick leave policies.

(A) regarding (B) between

26 regardless of

• ~와 상관 없이

기출 **regardless of** who is in the leading role
누가 선도적인 역할을 하는지와 상관 없이

regardless of Ms. Crude's absence
크루드 씨의 부재와 상관 없이

At Ricardo Furnishings, the standard delivery fee is $10, ------- the size of the order.

(A) along with (B) regardless of

27 unlike

• ~와 달리

기출 **unlike** the previous edition
이전 쇄와 달리

unlike most other equipment
대부분의 다른 장비와 달리

------- Ms. Verani, Ms. Cortez accepted the offer to transfer to the New Orleans office.

(A) Unlike (B) Opposed

28 up to

• ~까지

기출 **up to** 14 days from the date of purchase
구매일로부터 14일까지

up to 2,000 additional workers
2,000명의 추가 직원들까지

Visit Montega Market and save ------- 50 percent on a wide variety of top fashion brands.

(A) up to (B) except for

29 within

~ 이내에

기출 **within** the limits of our budget
우리 예산의 한계 이내에

within two business days
영업일 2일 이내에

ACA Electronics will provide you with a full refund ------- three days of receiving the faulty, returned product.

(A) into (B) within

30 throughout

~ 전반에 걸쳐, ~ 동안 쭉

기출 be well known **throughout** the fashion industry
패션 산업 전반에 걸쳐 잘 알려져 있다

throughout the entire construction period
전체 건축 기간 동안 쭉

According to the annual sales report, several problems occurred ------- the third financial quarter.

(A) besides (B) throughout

31 in light of

~에 비추어 볼 때, ~을 고려하여

기출 **in light of** the suspension of transport services
운송 서비스의 중단에 비추어 볼 때

in light of unforeseen circumstances
예측하지 못한 상황들을 고려하여

------- the complaints about our new appetizer menu, we have decided to revert to the original menu.

(A) In spite of (B) In light of

32 on top of

~외에, ~의 위에

기출 **on top of** their regular workload
정규 업무량 외에

on top of the standard manufacturer's warranty
제조사의 표준 보증 외에

Our Platinum Membership includes full use of the sauna and spa ------- the standard access to the main exercise rooms.

(A) on top of (B) in case of

33 in response to

~에 대응하여

기출 **in response to** overwhelming demand
압도적인 수요에 대응하여

in response to customer suggestions
고객 제안에 대응하여

------- negative feedback about delivery times, we have decided to work with a different courier service.

(A) In response to (B) In place of

34 on account of

~ 때문에

기출 **on account of** the sensitive information
민감한 정보 때문에

------- the harmful chemicals they contain, the cleaning products should be stored out of reach of children.

(A) On account of (B) Such as

35 other than

~ 외에, ~ 말고 다른

기출 **other than** the important planning procedures
중요한 기획 절차 외에

a supplier **other than** their electric utility company
전력 회사 말고 다른 공급사

Starting next year, employees will be able to pay into a pension fund ------- that recommended by our company.

(A) combined (B) other than

36 contrary to

~와 반대로, ~에 반해서

기출 **contrary to** the information on the Web site
그 웹 사이트에 있는 정보와 반대로

------- the showtimes listed in the event program, the ballet performance will begin at 3 PM rather than 4 PM.

(A) As long as (B) Contrary to

37 in spite of

~에도 불구하고

기출 **in spite of** negative market predictions
부정적인 시장 예측에도 불구하고

in spite of increased volumes of
~의 증가된 양에도 불구하고

The fireworks display at Cove Beach was a success ------- the poor weather.

(A) in spite of (B) as a result of

38 thanks to

~ 덕분에

기출 **thanks to** last-minute negotiations
막바지의 협상 덕분에

Sales of the Ronin 5 smartphone have doubled this month ------- Mr. Ronstein's exceptional marketing strategy.

(A) thanks to (B) in addition to

39 as a result of

~의 결과로서

기출 **as a result of** scheduled renovations
예정된 보수공사의 결과로서

as a result of an excellent training program
우수한 교육 프로그램의 결과로서

------- the popularity of the new Thunder Flyer roller coaster, the theme park has broken its record for quarterly ticket sales.

(A) On behalf of (B) As a result of

40 toward

~을 향하여, ~쯤

기출 **toward** a specific financial goal
특정 재무 목표를 향하여

toward the end of the month
월말쯤

The architect intends to unveil his first draft of the building blueprint ------- the end of next week.

(A) toward (B) against

DAILY QUIZ

단어와 그에 알맞은 뜻을 연결해 보세요.

1	up to	(A)	~에 따라서
2	in accordance with	(B)	~을 제외하고
3	except	(C)	~까지

빈칸에 알맞은 단어를 선택하세요.

4 ------- several deadline extensions
여러 번의 마감일 연장에도 불구하고

5 collaboration ------- coworkers
동료들 사이에서의 협동

6 ------- renewing their contract
그들의 계약을 갱신하는 대신에

(A) on account of
(B) despite
(C) among
(D) instead of

앞서 배운 단어들의 뜻을 생각하면서, 다음 문제를 풀어보세요.

7 ------- the British Restaurant Guide, Humberside Bistro has the most extensive dessert menu in the country.

(A) Whereas (B) According to
(C) Because (D) Instead of

8 Ryler Laboratories will purchase a brand-new security system ------- repair the existing devices.

(A) as such (B) rather than
(C) with regard to (D) for example

정답 1 (C) 2 (A) 3 (B) 4 (B) 5 (C) 6 (D) 7 (B) 8 (B)

MP3 바로듣기 강의 바로보기

1 change

n. 변경, 변화
v. 변경하다, 바꾸다

As a result of the ------- to our work schedule, some employees will be required to come to work one hour earlier than usual.

(A) changes (B) positions

In order to expedite deliveries to our customers, we have recently ------- the shipping service we use.

(A) differed (B) changed

2 advance

n. 향상, 전진
n. 우선, (때의) 진행
v. 발전하다, 나아가다

Satellite navigation devices are more precise than ever before due to recent ------- in GPS technology.

(A) advances (B) promotions

Goron Electronics has increased its number of sales staff in ------- of the official launch of the new smartphone.

(A) growth (B) advance

The seminar series at Arklay Institute will help individuals ------- in the field of marketing.

(A) advance (B) remind

3 potential

n. 잠재력, 가능성
a. 잠재적인, 가능성 있는

Hampton Corporation has enormous ------- to increase its market share in the country.

(A) potential (B) proposal

Coller Kitchenware has distributed over five hundred product catalogs to ------- clients in the area.

(A) motivated (B) potential

4 **standard**

n. 기준, 표준
a. 일반적인, 표준의

All appliances and procedures in our kitchens must comply with the government's health and safety -------.

(A) details (B) standards

In an effort to compete with other hotels in the city, Magnum Hotel's ------- room rates will be decreased.

(A) standard (B) partial

5 **surplus**

n. 과잉 (재고), 흑자
a. 남는, 초과하는

In order to sell its ------- of computer monitors, Horizon Electronics has lowered the price of the products.

(A) substitute (B) surplus

------- stock will be sold at 50 percent off in order to make room for our new merchandise.

(A) Surplus (B) Brief

6 **forward**

ad. 앞으로
v. (제3자에게) 전송하다

The CEO confirmed that Ollay Logistics Inc. will move ------- with its plan to relocate its headquarters to Seattle.

(A) forward (B) altogether

Inquiries regarding job vacancies should be ------- to Patricia Rumson in the HR department.

(A) located (B) forwarded

7 **once**

ad. 한때, 한 번
conj. 일단 ~하면, ~하자마자

------- the most popular neighborhood in Bayville, Garland Heights is now full of abandoned buildings.

(A) Once (B) Since

------- the clients arrive at the manufacturing plant, they will be given an extensive tour of the facility.

(A) Soon (B) Once

8 later

ad. ~후에, 나중에
a. 추후의

The full line-up of performers for this summer's jazz music festival will be posted online ------- this week.

(A) next (B) later

Those who progress through the first round of interviews will be invited back for a final interview at a ------- date.

(A) final (B) later

9 following

prep. ~후에
a. 다음의, 뒤따르는

The film's launch has been pushed back ------- the negative feedback from the test screenings.

(A) because (B) following

Articles received after the deadline will not be published until the ------- month.

(A) following (B) remaining

10 secure

v. 확보하다, 보장하다
a. 안전한, 확실한

Mr. Halliday has arranged a product demonstration to ------- funding from local business owners.

(A) conduct (B) secure

Patient records at Belvedere Health Clinic are kept ------- at all times.

(A) imperative (B) secure

11 **plus**

prep. ~을 더하여
ad. 게다가

Purchase a premium ticket for any movie to receive a large popcorn ------- your choice of beverage for no extra charge.

(A) plus (B) whichever

You will receive 10% off of the purchase. -------, you will receive a free gift.

(A) However (B) Plus

12 **several**

a. 여러 가지의, 몇몇의
n. 몇 개

Martin Hodge has published more than twenty books covering ------- subjects related to sales.

(A) any (B) several

------- of our restaurant branches are likely to close down unless they become more profitable.

(A) Several (B) Either

13 **alert**

n. 경보, 경계
v. 알려주다, 경고하다

The continuous beeping noise from our smoke detectors functions as an ------- that the battery is almost depleted.

(A) example (B) alert

Should there be any turbulence during the flight, the pilot will ------- passengers immediately.

(A) alert (B) inquire

14 near

a. 가까운
prep. ~ 근처에

Fiesta Mexican Restaurant announced that it will introduce several new vegetarian dishes in the ------- future.

(A) near (B) soon

If you would like to rent an audio guide, please visit the information center that is ------- the ticket office.

(A) next (B) near

15 original

a. 원래의, 진본의
n. 원본

The final draft of the blueprint for the new airport terminal is significantly different from the ------- design.

(A) original (B) similar

Photocopies of your documents will be kept at our office, but the ------- will be returned to you by recorded mail.

(A) interiors (B) originals

16 provided

v. 제공하다
conj. ~라면(that)

All technology conference attendees will be ------- with a name tag and an event program brochure.

(A) provided (B) required

All of our products may be returned for a refund within 21 days ------- they have not been used.

(A) provided that (B) as though

17 objective

n. 목표
a. 객관적인

Mr. Crenshaw's ------- is to attract prospective clients to our firm by impressing them with his presentation.

(A) evaluation (B) objective

The main aim of our Web site is to provide ------- information about news and current events.

(A) main (B) objective

18 permit

v. 허용하다, 허가하다
n. 허가증

Only those with Level 1 security clearance are ------- to use the research laboratory at Alvin Biotech Inc.

(A) given (B) permitted

The vendor ------- must be clearly displayed on the booth or cart that you will use at the food festival.

(A) request (B) permit

19 approach

v. 다가오다, 접근하다
n. 접근(법)

The scheduled launch date for the new cell phone model designed by Elektra Electronics is rapidly -------.

(A) setting (B) approaching

George Atwell's enthusiastic ------- to training new employees has earned him a good reputation within the company.

(A) approach (B) arrival

20 name

v. 직책에 임명하다
n. 이름, 명성

Sam Pickens was ------- as the new chairman of the board after Hank Tiller resigned from the post.

(A) named (B) granted

The Laguna Hotel announced that it is changing its -------- to Golden Palm Resort.

(A) address (B) name

21 attempt

v. 시도하다
n. 시도

Glint Manufacturing has ------- to recruit several Web designers but has yet to fill many of its vacancies.

(A) attempted (B) persuaded

Ms. Nakatomi's latest ------- to start up her own business was unsuccessful due to insufficient investment.

(A) conclusion (B) attempt

22 lack

v. ~이 없다, 부족하다
n. 부족, 결여

Unfortunately, we cannot offer you the position at this time because you ------- the required certification in computing.

(A) lack (B) pass

The east wing reconstruction has been put on hold because of a ------- of funding from headquarters.

(A) response (B) lack

23 lower

v. 줄이다, 낮추다
a. 더 낮은, 인하된

Providing employees with free exercise facilities can help ------- your company's healthcare costs.

(A) lower (B) predict

Customers who make frequent international calls may be eligible for ------- rates on calls to certain countries.

(A) light (B) lower

24 schedule

n. 일정
v. 일정을 잡다

Although an engine fault resulted in a brief stop for repairs, the train still arrived in Boston on -------.

(A) schedule (B) appointment

Boats from the city quay to Gull Island are ------- to depart every 15 minutes during the peak tourism season.

(A) decided (B) scheduled

25 increase

n. 인상, 상승
v. 인상하다, 상승하다

Customers of Westside Electric are disappointed that the company announced a 3 percent annual price -------.

(A) statistic (B) increase

The Crowne Plaza Hotel has decided to ------- the rates of its suites starting from next year.

(A) increase (B) remain

26 purchase

n. 구매(품)
v. 구매하다

Thank you for your recent ------- of our HQ104 photocopier.

(A) purchase (B) visit

Theatergoers may ------- refreshments from the main lobby during the 30-minute intermission.

(A) purchase (B) shop

27 **process**

n. 과정, 가공, 처리
v. 가공하다, 처리하다

The manufacturing ------- for Aleva kitchen appliances has been improved in order to boost production rates.

(A) location (B) process

Greenacre Inc. specializes in ------- recyclable items into affordable building materials.

(A) trading (B) processing

28 **lease**

v. 임대하다
n. 임대 (계약)

Anyone who wishes to ------- a cabin at Rosco Ski Resort must present a valid ID and pay a security deposit.

(A) turn (B) lease

The majority of tenants at Eastfield Condos have signed 18-month ------- for their apartments.

(A) leases (B) license

29 **request**

n. 요청
v. 요청하다

At your -------, Chad Publications can cancel your subscription to *Sports Time Monthly* immediately.

(A) claim (B) request

The finance department ------- that all employees submit expense reports by 5 PM on Fridays.

(A) requests (B) behaves

30 support

n. 지원, 지지, 도움, 후원
v. 지지하다, 지원하다

To express our gratitude to our investors for their valuable -------, we will invite them to our year-end banquet.

(A) transaction (B) support

Mr. Luiz designed the metal frame that ------- more than 250 lights above the theater's main stage.

(A) remarks (B) supports

31 notice

n. 안내, 알림
v. 알아차리다, 주목하다

Due to inclement weather, the trail to the mountain peak will not be accessible until further -------.

(A) attention (B) notice

When Ms. Jones read the job description, she ------- that she lacked several of the academic requirements.

(A) glanced (B) noticed

32 result

n. 결과
v. ~라는 결과를 낳다(in), ~에서 기인하다(from)

Simco Solutions analyzes the behavior and Web site preferences of Internet users and compiles the ------- for various clients.

(A) makers (B) results

Our decision to use cheaper materials will ------- in more affordable products for our customers.

(A) result (B) complete

33 award

v. 수여하다, 상을 주다
n. 상

Mr. Gray and Ms. Bailey have been ------- bonuses for their work in securing a contract with Hornet Systems.

(A) awarded (B) acknowledged

Margaret Harley has received numerous ------- for her performances in Broadway plays.

(A) replies (B) awards

34 offer

v. 제공하다
n. 제안, 제공

Ace Hotel's front desk staff now ------- guests a choice between a room service breakfast or a voucher for the buffet.

(A) offers (B) suggests

Our new client greatly appreciates our ------- to waive the fee for the initial consultation.

(A) offer (B) project

35 complete

v. (작성) 완료하다
a. 완료된

All employees should ------- the survey on our Web site at their earliest possible convenience.

(A) complete (B) participate

Once the first stage of construction is -------, a thorough safety inspection of the site will be conducted.

(A) whole (B) complete

36 open

v. 열다, 개장하다
a. 개장된, 영업 중인

Ray's Coffee & Donuts will ------- its 50th location in downtown Toronto this summer.

(A) expand (B) open

The waterpark will be ------- to visitors from 9 AM until 7 PM during the school holidays.

(A) open (B) entered

37 measure

n. 조치, 대책
v. 수치를 재다, 측정하다

Solaris Motors implements rigid safety ------- to ensure that factory workers are not at risk in the workplace.

(A) consents (B) measures

Prior to purchasing any of our custom curtains, you should ------- all of your windows accurately.

(A) expect (B) measure

38 benefit

v. 혜택을 얻다, 이득을 얻다
n. 혜택, 이득

Because college students can ------- from gaining work experience, many apply for our summer internship positions.

(A) benefit (B) assist

The ------- that the Platinum Membership offers to country club members include priority parking and full access to club facilities.

(A) interests (B) benefits

39 experience

n. 경력, 경험
v. 경험하다

Mr. Annit has extensive ------- in managing employees in various departments at Lord Services.

(A) permission (B) experience

Sanders Frozen Foods has ------- a sharp decrease in earnings since discontinuing its range of vegetarian meals.

(A) experienced (B) demanded

40 particular

n. 세부사항(복수형)
a. 특정한

The orientation session will include a 15-minute break so that attendees may read the ------- of their employment contracts.

(A) particulars (B) resolutions

Each month, the food subscription service delivers meals from a ------- region or country.

(A) granted (B) particular

DAILY QUIZ

앞서 배운 단어들의 뜻을 생각하면서, 다음 문제를 풀어보세요.

1 The assembly line machines in our new factory are so advanced that we need to explain our manufacturing process to ------- investors.

(A) potential　　(B) vacant
(C) complex　　(D) limited

2 Our dentists currently have several free time slots as many patients have scheduled their appointments for ------- in the month.

(A) later　　(B) forward
(C) along　　(D) nearby

3 The beeping noise that is sometimes emitted from the car functions as an ------- that a collision is imminent.

(A) allowance　　(B) example
(C) alert　　(D) authentication

4 Our factory's productivity steadily ------- by 25 percent between September and December.

(A) distributed　　(B) increased
(C) presented　　(D) attempted

5 To provide adequate information for those browsing the furniture auction site, sellers should ------- all items prior to posting them online.

(A) expect　　(B) revise
(C) allow　　(D) measure

6 The mobile app developer announced the launch of several new projects ------- its merger with a competitor.

(A) whenever　　(B) toward
(C) following　　(D) usually

정답 **1** (A) **2** (A) **3** (C) **4** (B) **5** (D) **6** (C)

MP3 바로듣기

강의 바로보기

1 **performance**

❶ 성과, 실적, 성능
❷ 공연

Ms. Kang's extensive product knowledge is one of the reasons for her impressive sales -------.

(A) performance (B) department

Theatergoers are politely asked to take their seats ten minutes before the ------- begins.

(A) performance (B) contest

2 **location**

❶ 장소, 위치
❷ 지점, 사무소

Once a home-based business, Mr. Hewitt's computer repair firm now operates stores in eight -------.

(A) connections (B) locations

PC Wizard has opened retail ------- that stock high-end computer accessories.

(A) locations (B) expertise

3 **application**

❶ 지원(서), 신청(서)
❷ 적용(점), 응용

Please submit a completed ------- to the HR manager at Regatta Systems Inc. by 5 PM on December 5.

(A) process (B) application

Although all of our employees found the presentation interesting, most of them felt that it had almost no ------- to their daily work.

(A) application (B) detail

4 **operation**

❶ 영업, 운영
❷ 작동, 조작

After being in business for 25 years, Goodfellow Bakery on Main Street will cease -------.

(A) availability (B) operation

The job of the audio technician at Sema Concert Hall is to check the ------- of every sound system in the music venue.

(A) operation (B) influence

5 **reservation**

❶ 예약
❷ 주저함, 내키지 않음

It is recommended to call La Chez Rouge at least a month in advance to make a ------- for a table.

(A) placement (B) reservation

Ms. Shapiro has ------- about moving Bizwell Telecom's head office to the suburbs of Ashville.

(A) reservations (B) specializations

6 **assembly**

❶ 조립
❷ 모임

Although the components are manufactured in Taiwan, the ------- of Typhoon dishwashers is carried out in Australia.

(A) assembly (B) meeting

Next Wednesday, the staff ------- will be held in the third floor conference room at 8:30 AM.

(A) assembly (B) complement

7 **initiative**

❶ 계획, 법안
❷ 적극성, 진취성

All residents have shown support for the ------- to provide free broadband Internet service to the county's public schools.

(A) initiative (B) bonus

Ms. Gillie displayed a great deal of ------- in learning to speak French prior to her important business trip to Paris.

(A) expectations (B) initiative

8 **direction**

❶ 길안내, 지시
❷ 지휘, 감독

For ------- to all major tourist attractions in the city, please download the Shanghai Tourism mobile application.

(A) experiments (B) directions

The employee relations division, under the ------- of Lorne Crane, has been credited with maintaining a high level of staff satisfaction.

(A) direction (B) suggestion

9 **closely**

❶ 긴밀하게
❷ 자세히

Mr. Higson's marketing division worked ------- with graphic designers to develop the new advertising campaign.

(A) heavily (B) closely

Our technical support agents are skilled at listening ------- to properly resolve customer issues.

(A) closely (B) perfectly

10 **rather**

❶ 다소, 꽤
❷ 차라리

Redding Industries' decision to file for bankruptcy was ------- sudden and left many shareholders distressed.

(A) rather (B) further

The sales director would ------- reschedule the meeting until all the missing data has been obtained.

(A) yet (B) rather

11 **apply**

❶ 적용하다, 응용하다
❷ 바르다

The business seminar was very informative and gave attendees several skills to ------- to their own work.

(A) apply (B) select

Remove all dirt and dust before ------- new varnish to your wooden decking.

(A) applying (B) showing

12 **critical**

❶ 중요한
❷ 비판적인

It is ------- that factory workers follow the instructions in this safety manual as written.

(A) actual (B) critical

Mr. Fulcher is ------- of interviewees who do not put in adequate research or preparation.

(A) critical (B) urgent

13 **appointment**

❶ 예약, 약속
❷ 임명

When booking patient -------, please note whether it will be their first visit to our dental clinic.

(A) circumstances (B) appointments

The ------- of a new CFO signals the company's intention to rapidly increase its revenue and profits.

(A) appointment (B) reservation

14 enter

❶ 출입하다, 들어가다
❷ 입력하다

All attendees are required to put on a wristband prior to ------- the festival site.

(A) stepping (B) entering

To receive news about special offers, please ------- both your mobile phone number and e-mail address.

(A) join (B) enter

15 develop

❶ 개발하다, 수립하다
❷ 발전시키다

The Francis Institute grant is designed to help entrepreneurs ------- their business plans.

(A) proceed (B) develop

Toronto-based Eva Electronics has ------- strong relationships with several technology firms in Asia.

(A) led to (B) developed

16 view

❶ 경치, 경관
❷ 견해, 관점

All rooms at Wallaga Bay Beach Resort offer a spectacular ------- of the ocean and coastline.

(A) site (B) view

Opinions expressed in the Readers' Letters section of the newspaper do not necessarily reflect the ------- of our publication.

(A) differences (B) views

17 consider

❶ 여기다, 간주하다
❷ 고려하다, 검토하다

The board members of Shatara Inc. ------- a high standard of customer service to be the company's top priority.

(A) consider (B) refer

Employees who are ------- applying for the position in the accounting department should send an e-mail to Mr. Rico.

(A) considering (B) specifying

18 promote

❶ 홍보하다
❷ 승진시키다

Blue Line Technologies has hired actor Ken Lorde to ------- its new range of tablet computers.

(A) promote (B) impress

Karl Simmons has been ------- to Chief Financial Officer at Sandringham Catering Company.

(A) promoted (B) agreed

19 reach

❶ 도달하다, ~에 가다
❷ 연락하다

Burton Marketing has hired several online marketing experts as part of its effort to ------- new customers.

(A) reach (B) accept

Our customer service team can be ------- 24 hours a day either by phone or by using our online chat.

(A) applied (B) reached

20 cover

❶ (보상 범위에) 포함하다, (비용을) 부담하다
❷ (주제) ~을 다루다

Employees should note that the cost for the Willow Valley excursion ------- accommodations and meals for three days.

(A) applies (B) covers

Ms. Jones gave each new employee a handout outlining the main topics that she will ------- during the orientation.

(A) cover (B) wrap

21 responsibility

❶ 책임
❷ (담당) 업무, 직무

It is each passenger's ------- to take care of their personal belongings during the city bus tour.

(A) permission (B) responsibility

------- of the senior event coordinator include contacting clients and submitting regular project updates.

(A) Promotions (B) Responsibilities

22 order

❶ 주문하다
❷ 지시하다

Ms. Ling will take a full inventory before she ------- more laboratory supplies.

(A) contains (B) orders

Pacific Industries has ------- an extensive review of the company's health and safety procedures.

(A) ordered (B) limited

23 acquire

❶ 인수하다
❷ 얻다, 획득하다

When ALG Software ------- Digital Dream Games in November, all workers will work together at a newly constructed head office.

(A) merges (B) acquires

We offer a wide variety of gifts and rewards to customers who ------- enough loyalty points.

(A) acquire (B) perform

24 assemble

❶ 조립하다
❷ 모으다, 모이다

To satisfy increasing demand, factory workers will ------- more than five hundred new automobiles this week.

(A) assemble (B) carry

Before he creates our promotional materials, Mr. Teller will ------- a team of experienced writers.

(A) achieve (B) assemble

25 conclude

❶ 종료하다, 끝내다
❷ 결론을 내리다

The mobile phone launch event will last for approximately one hour and ------- with a demonstration of the device.

(A) reserve (B) conclude

The financial advisors ------- that the company could significantly reduce its shipping expenses.

(A) concluded (B) completed

26 **receipt**

❶ 영수증
❷ 수령

Sales executives who travel to conventions and conferences should turn in ------- for reimbursement.

(A) procedures (B) receipts

Upon ------- of the faulty device, we will contact you with an estimated timeframe for repairs.

(A) request (B) receipt

27 **occasion**

❶ 상황
❷ 특별한 사건

The band can create a setlist of songs that is ideal for any -------.

(A) occasion (B) chance

Corden City was established 250 years ago, so the city council will mark this important ------- with a street festival.

(A) introduction (B) occasion

28 **reserve**

❶ 예약하다
❷ (권한을) 보유하다

If you wish to ------- a table in our rooftop dining area, please contact us at least two weeks in advance.

(A) reserve (B) appoint

Scando Travel Agency ------- the right to cancel tour bookings if payment is not received by the specified deadline.

(A) collects (B) reserves

29 **reference**

❶ 참고, 참조
❷ 추천(서)

We will hold on to your résumé for future -------, although we currently have no job openings that would suit you.

(A) reference (B) direction

Applicants should include a list of ------- with their application form, résumé, and cover letter.

(A) references (B) subjects

30 **extend**

❶ (기한을) 연장하다
❷ 전하다, 주다

The completion date for the renovation work at Ashford Shopping Mall has been ------- to May 2.

(A) extended (B) finished

The business owners ------- an invitation to several potential investors who were interested in touring the manufacturing facility.

(A) extended (B) assigned

31 **term**

❶ (계약) 조건
❷ 임기

If you agree to the ------- of the contract, please sign both copies and send one copy to our Carolton office by mail.

(A) terms (B) views

During his ------- as the mayor of Leewood, George Ralston made numerous improvements to the town's transportation systems.

(A) vicinity (B) term

32 **position**

❶ 직책, 직급
❷ 위치, 자리

The company's CEO aims to fill the marketing director ------- before the end of the month.

(A) position (B) employment

By hiring renowned chef Angela Booth and revising its menu, Loyola Bistro will rise to the top ------- among local restaurants.

(A) position (B) record

33 **shift**

❶ (교대) 근무
❷ 변화, 전환

When applying for the assembly line operator vacancy, be advised that the role includes weekend -------.

(A) shifts (B) entries

In a surprising ------- in its marketing approach, Swift Sportswear will no longer seek endorsements from famous athletes.

(A) shortage (B) shift

34 **issue**

❶ (잡지) 호, 쇄
❷ 문제

We apologize that last month's ------- of *High Fashion Magazine* contained inaccurate information about designer Marika Hemsworth.

(A) page (B) issue

Local council members are available to discuss a wide range of resident -------, from road repairs to noise complaints.

(A) issues (B) positions

35 replacement

❶ 교환(품), 대체(품)
❷ 후임

Customers seeking a refund or ------- should submit an electronic form through our Web site.

(A) replacement (B) direction

At Mr. Barringer's retirement dinner, he introduced his ------- and discussed her notable business achievements.

(A) replacement (B) development

36 leave

❶ 떠나다
❷ 남겨두다

Gym members should ensure they have placed all of their belongings in a locker before ------- the dressing room.

(A) leaving (B) managing

At the end of the meeting, Ms. Dawson ------- additional copies of the presentation handouts on a desk.

(A) remained (B) left

37 take

❶ 데려가다, 가져가다
❷ (시간이) 걸리다, 사용하다

Mr. Jones offered to ------- the new recruits on a tour of the factory and its adjoining office buildings.

(A) take (B) tell

Drivers working for Big Apple Taxis typically ------- about 45 minutes for their lunch break.

(A) last (B) take

38 **return**

❶ 반품하다
❷ 돌아오다

Since the bookcase Ms. Garfield purchased was too wide, she ------- it to the furniture store.

(A) tailored (B) returned

Participants will receive a Certificate of Achievement within 7 days of ------- from the workshop.

(A) working (B) returning

39 **determine**

❶ 결정하다, 확정하다
❷ 알아내다

Our hotel can provide videos of each room to help event organizers ------- the most suitable room for their event.

(A) broaden (B) determine

Engineers are still attempting to ------- the cause of malfunction on the assembly line.

(A) develop (B) determine

40 **consult**

❶ 상담하다
❷ 참조하다

When making a critical department decision, Mr. Wallace finds it useful to ------- his employees for their opinions.

(A) consult (B) request

Please ------- the in-flight magazine to browse the full range of available snacks and beverages.

(A) consult (B) look

DAILY QUIZ

앞서 배운 단어들의 뜻을 생각하면서, 다음 문제를 풀어보세요.

1 Whenever products are being prepared for shipping, it is the warehouse manager's ------- to check for defects.

(A) condition　　(B) responsibility
(C) appointment　　(D) promotion

2 Many property Web sites include a mortgage calculator to help homebuyers ------- the approximate amount of money they could borrow.

(A) broaden　　(B) determine
(C) renovate　　(D) combine

3 Lee Valley Country Club members must submit an extension ------- for the premium membership every year.

(A) performance　　(B) application
(C) donation　　(D) activity

4 Although some of the individual components are produced in China, the ------- of GoFit running machines takes place in the UK.

(A) user　　(B) demonstration
(C) assembly　　(D) purchase

5 In accordance with the ------- of this agreement, you are required to submit your freelance work assignments no later than 5 PM each day.

(A) opinions　　(B) terms
(C) designs　　(D) applications

6 It is ------- that residents be reminded about the water usage restrictions that will come into effect next week.

(A) sudden　　(B) critical
(C) specific　　(D) cautious

정답 **1** (B) **2** (B) **3** (B) **4** (C) **5** (B) **6** (B)

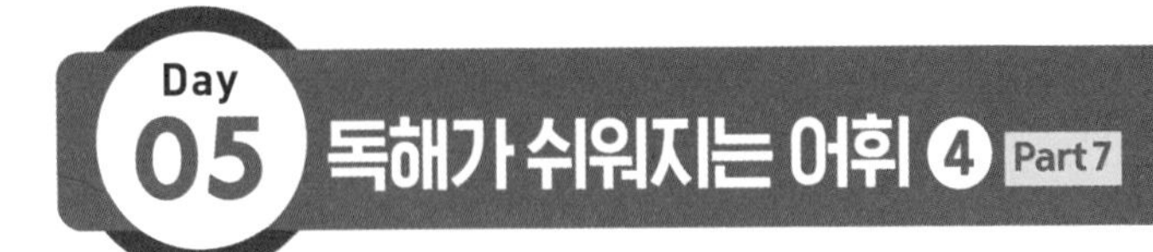

MP3 바로듣기

강의 바로보기

1 **reflect**

v. ~을 반영하다

Although recent transactions are not **reflected** in the balance shown on the statement, they will be updated in the next billing cycle.

최근 거래 내역 건들이 명세서에 보여진 잔액에 반영되어 있지 않지만, 그것들은 다음 번 청구서 발송 주기 때 업데이트 될 것입니다.

2 **top-notch**

a. 최고의, 일류의

Experience our **top-notch** customer service, where dedicated support teams are committed to promptly addressing your needs.

전담 지원팀이 귀하의 요구 사항을 신속하게 해결하기 위해 전념하는 최고의 고객 서비스를 경험해 보세요.

3 **congested**

congestion n. 혼잡

a. 붐비는, 혼잡한

During rush hour, the city's highways become **congested**, causing delays for commuters.

출퇴근 혼잡 시간 동안에는, 도시의 고속도로가 붐벼서 통근자들을 지연시킵니다.

만점 TIP

• 관련 기출

traffic congestion 교통 체증

4 **contemporary**

a. 현대의

The interior designer advises clients about the latest **contemporary** home decor and design concepts.
그 인테리어 디자이너는 고객들에게 최신의 현대적인 실내 장식과 디자인 컨셉에 대해 조언해 줍니다.

5 **impending**

a. 임박한, 곧 닥칠

The team worked tirelessly to prepare for the **impending** product launch.
그 팀은 임박한 제품 출시에 대비하기 위해 부단히 노력했습니다.

6 **house**

v. ~에게 거처를 제공하다, ~을 수용하다

The newly built complex will **house** both residential apartments and commercial spaces.
새로 건설되는 단지에는 주거용 아파트와 상업 공간이 모두 들어설 예정입니다.

7 **respective**

respectively ad. 각각

a. 각자의, 각각의

The innovation team consisted of three members, all experts in their **respective** fields: software development, hardware design, and user experience.
혁신팀은 세 명으로 구성되어 있는데, 이들 모두는 각자의 분야인 소프트웨어 개발, 하드웨어 설계, 그리고 사용자 경험에서 전문가입니다.

8 **beforehand**

ad. 사전에, 미리

If you want to secure a spot in the workshop, you should register **beforehand**.

워크숍에 자리를 확보하고 싶다면, 미리 등록을 해야 합니다.

9 **take advantage of**

~을 이용하다

While staying at our resort, guests may **take advantage of** diverse outdoor activities, such as hiking, snorkeling, and other water sports.

저희 리조트에 머무시는 동안 고객들은 하이킹, 스노클링, 기타 수상 스포츠와 같은 다양한 야외 활동을 이용하실 수 있습니다.

10 **solid**

a. 단단한, 견고한, 확실한

The startup's innovative approach to technology is expected to produce **solid** returns for its early investors.

그 신생 기업의 혁신적인 기술 접근 방식은 초기 투자자들에게 확실한 수익을 가져다 줄 것으로 기대됩니다.

11 **associated with**

~와 관련된

The anxiety and stress **associated** with public speaking can be significantly reduced through effective preparation and practice.

사람들 앞에서 말하는 것과 관련된 불안과 스트레스는 효과적인 준비와 연습을 통해 크게 줄어들 수 있습니다.

만점 TIP

- 기출 Paraphrasing

  associated with → related to (~와 관련 있는)

12 commercial

a. 상업의, 상업용의
n. 상업용 광고

The real estate agency provides expert advice for clients interested in both residential and **commercial** properties.
그 부동산 중개업소는 주거용과 상업용 건물 모두에 관심 있는 고객들을 위해 전문적인 조언을 제공하고 있습니다.

The new **commercial** for the product highlights its innovative features and benefits.
그 제품의 새 광고는 제품의 혁신적인 특징과 이점을 잘 설명하고 있습니다.

만점 TIP
• 관련 기출
resident n. 주민, 거주자

13 utilities

n. 수도, 전기, 가스 등의 비용(= utility expenses)

The monthly rent for the apartment includes all **utilities**, such as water, electricity, and gas.
아파트 월세에는 수도, 전기, 그리고 가스와 같은 모든 공공요금이 포함됩니다.

14 insulation

insulate v. 단열 처리를 하다

n. 단열 처리

Proper **insulation** is essential for maintaining a comfortable temperature inside your home throughout the year.
적절한 단열은 일 년 내내 여러분의 집 안에서 쾌적한 온도를 유지하는 데 필수적입니다.

만점 TIP
• 관련 기출
ventilation 환기

15 **enforce**

enforcement n. 집행, 시행

v. ~을 시행하다

Strict parking rules are **enforced** to prevent congestion and ensure safety on the streets.

혼잡을 방지하고 도로의 안전을 확보하기 위해 엄격한 주차 규칙이 시행되고 있습니다.

16 **be subject to + 명사**

~의 대상이다, ~의 영향을 받게 되어 있다

Please note that the schedule for the conference sessions **is subject to change**, so check for updates regularly.

컨퍼런스 세션의 일정은 변경의 대상이므로, 정기적으로 최신 소식을 확인하시기 바랍니다.

17 **misleading**

a. 오해하게 하는

The newspaper article was **misleading** because it contained inaccurate information about the company's financial performance.

그 신문 기사는 회사의 재무 실적에 대한 부정확한 정보를 담고 있어서 독자들을 오해하게 합니다.

18 **earn**

earnings n. 소득

v. ~을 얻다, 받다, 벌다

The recent survey results revealed that our product has **earned** the highest ratings for customer satisfaction among all competing brands.

최근 조사 결과 우리 제품은 경쟁 브랜드 중 가장 높은 고객 만족도 평가를 받았습니다.

19 **critic**

critical a. 비판적인
criticism n. 비판, 비평
criticize v. ~을 비판하다

n. 비평가, 평론가

Julien Clerc's debut performance was positively reviewed by the **critics**.
줄리앙 클레르의 데뷔 무대는 평론가들로부터 긍정적으로 평가 받았습니다.

20 **complex**

n. 복합 단지[건물]

The developer plans to build an apartment **complex** on the vacant lot at the corner of Main Street and Elm Avenue.
개발업자는 메인 스트리트와 엘름 애비뉴 모퉁이의 공터에 아파트 단지를 지을 계획입니다.

21 **infrastructure**

n. 기본 시설, 사회[경제] 기반 시설

The mayor announced a comprehensive plan to improve the city's **infrastructure**, including upgrading roads and public transportation.
시장은 도시의 기반 시설을 개선하기 위한 종합적인 계획을 발표했는데, 이는 도로와 대중교통을 개선하는 것을 포함하고 있습니다.

22 **up and running**

제대로 운영[작동]되는

After a week of troubleshooting, we finally got the new software **up and running** smoothly.
일주일간의 문제 해결 끝에, 우리는 마침내 새 소프트웨어를 제대로 작동하게 만들었습니다.

만점 TIP
- 기출 Paraphrasing
  up and running → operational (운영 중인)

23 publication

publish v. ~을 출판하다

n. 출판(물)

We carefully evaluate all submitted articles, and only those that meet our quality standards are considered for **publication**.

저희는 제출된 모든 글들을 신중히 평가하며, 저희의 품질 기준을 충족하는 글들만 출간 대상으로 간주합니다.

24 spectacular

a. 장관인, 극적인

Families vacationing in Maui can enjoy **spectacular** views of the sunset from the beaches along the west coast.

마우이에서 휴가를 보내고 있는 가족들은 서쪽 해안을 따라 펼쳐진 해변에서 멋진 일몰 경관을 감상할 수 있습니다.

25 impede

v. ~을 방해하다, 지체시키다

The construction work on the main road has been causing significant delays and can **impede** the flow of local traffic during rush hours.

주요 도로 건설 공사는 극심한 지체를 발생시키고 있으며 출퇴근 시간에 지역의 교통 흐름을 방해할 수 있습니다.

26 be entitled to + 명사

~을 받을 자격이 되다

Hotel guests who stay five consecutive nights in one year will **be entitled to** a complimentary room upgrade on their next visit.

1년에 5박을 연속으로 묵는 호텔 투숙객은 다음 방문 시 무료 객실 업그레이드를 받을 자격을 얻을 것입니다.

만점 TIP

- 「be eligible for + 명사」도 같은 의미로 쓰입니다.

27 **on-site**

ad. 현장에서

a. 현장의

Visitors to the museum will find that audio guides can be purchased **on-site** to enhance their tour experience.

박물관 방문객들은 견학 경험을 향상시키기 위해 현장에서 오디오 가이드를 구입할 수 있다는 것을 알게 될 것입니다.

만점 TIP

• 기출 Paraphrasing

can be purchased on-site → be sold at the venue (현장에서 판매되다)

28 **reconfiguration**

n. 구조 변경

Considering the upcoming building **reconfiguration** project scheduled for next month, implementing telecommuting could be a solution for our company.

다음 달 예정된 건물 구조 변경 프로젝트를 고려할 때, 재택근무를 시행하는 것이 우리 회사에게 해결책이 될 수 있습니다.

만점 TIP

• 기출 Paraphrasing

building reconfiguration → change the layout of the building (건물의 배치를 바꾸다)

29 **setback**

n. 차질

The construction project experienced numerous **setbacks**, including unexpected weather delays and labor shortages.

건설 프로젝트는 예상치 못한 기상으로 인한 지연과 인력 부족 등 많은 차질을 겪었습니다.

30 on the premises

부지 내에, 관내에

The shopping mall has a strict policy in which any vehicles left **on its premises** overnight will be towed at the owner's expense.

그 쇼핑몰에는 하룻밤 사이에 부지 내에 남겨진 어떤 차량도 소유주의 비용으로 견인하도록 하는 엄격한 정책이 있습니다.

만점 TIP

- 관련 기출

on-premises 부지 내의

31 voice

v. 목소리를 내다, 말로 표하다

The construction of the new highway went ahead despite concerns **voiced** by environmental activists about its potential impact on local wildlife.

지역 야생 동물에 미칠 수 있는 영향에 대해 환경 운동가들이 표명한 우려에도 불구하고 새로운 고속도로 건설 공사가 진행되었습니다.

32 portray

portrait n. 묘사

v. ~을 나타내다, 묘사하다

The marketing team worked hard to **portray** the brand as environmentally conscious and socially responsible.

마케팅 팀은 그 브랜드를 환경을 의식하고 사회적으로 책임감이 있는 것으로 묘사하기 위해 열심히 노력했습니다.

33 **advocate**

v. ~을 지지하다, 옹호하다

n. 옹호자, 지지자

The environmentalist group **advocated** the use of renewable energy sources to reduce carbon emissions.

그 환경운동가 단체는 탄소 배출을 줄이기 위해 재생 가능한 에너지원의 사용을 지지했습니다.

34 **divert**

v. ~을 우회시키다, 전환시키다

During the road construction, drivers are **diverted** onto a different route while the crews work on widening the highway.

도로 공사 중에, 인부들이 고속도로를 확장하는 작업을 하는 동안 운전자들은 다른 경로로 우회합니다.

35 **furnished**

a. 가구가 비치된

The apartment for rent comes fully **furnished**, complete with modern appliances and stylish furniture.

임대 가능한 그 아파트는 가구가 완비되어 있는데, 현대적인 가전제품들과 멋진 가구를 완벽히 갖추고 있습니다.

36 **identify**

v. ~이 무엇인지 확인하다

During the upcoming meeting, we will **identify** the strengths and weaknesses of our current marketing strategy.

곧 있을 회의에서 우리는 현재 우리 마케팅 전략의 강점과 약점이 무엇인지 확인할 것입니다.

37 reportedly

ad. 전하는 바에 따르면, 소문에 의하면

Profits **reportedly** fell after the market responded negatively to our decision to restructure the product lineup.

제품 라인업을 개편하기로 한 우리의 결정에 시장이 부정적인 반응을 보이자 수익이 감소한 것으로 전해졌습니다.

38 minimal

minimum a. 최저의, 최소한의
n. 최소한도

a. 최소한의

Native wildflowers are a great choice for gardeners who want blossoms that require **minimal** care.

최소한의 관리만 필요한 꽃을 원하는 정원사들에게 토종 야생화는 아주 좋은 선택입니다.

만점 TIP

- 기출 Paraphrasing

require minimal care → easy to maintain (관리하기 쉬운)

39 breakthrough

n. 돌파구, 획기적 발전

Breakthroughs in manufacturing technology have boosted our production to five times the amount we had before.

제조 기술의 획기적인 발전이 우리의 생산량을 이전보다 5배 증가시켰습니다.

40 high-profile

a. 세간의 이목을 끄는, 유명한

The **high-profile** merger between the two tech giants made headlines for weeks.

두 거대 기술 기업 간의 세간의 이목을 끄는 합병은 몇 주 동안 대서특필되었습니다.

DAILY QUIZ

단어와 그에 알맞은 뜻을 연결해 보세요.

1 setback • • (A) 비평가, 평론가

2 publication • • (B) 단열 처리

3 critic • • (C) 차질

4 insulation • • (D) 출판물

빈칸에 알맞은 단어를 선택하세요.

(A) entitled
(B) enforced
(C) voice
(D) identify

5 With the recent changes in company policy, all interns are now ------- to one week's paid vacation.

최근 회사 정책이 변경됨에 따라 모든 인턴은 이제 1주일의 유급 휴가를 받을 수 있습니다.

6 Mr. Todd will ------- and resolve problems on the company's online network.

토드 씨가 회사 온라인 네트워크 상의 문제를 파악하고 해결할 것입니다.

7 The company's confidentiality policy is strictly -------, so do not share any sensitive information with external parties.

회사의 비밀유지 정책이 엄격하게 시행되므로, 민감한 정보를 외부인과 공유하지 마십시오.

8 It is important to create an environment where employees feel comfortable to ------- concerns about their workload.

직원들이 자신의 업무량에 대한 우려 사항을 편안하게 말할 수 있는 환경을 조성하는 것이 중요합니다.

정답 1 (C) 2 (D) 3 (A) 4 (B) 5 (A) 6 (D) 7 (B) 8 (C)

/ Week /
08 실전 TEST

MP3 바로듣기

강의 바로보기

LISTENING

• Part 3

1. Who most likely is the woman?

(A) A volunteer
(B) A doctor
(C) A technician
(D) A photographer

2. What does the man say about some employees?

(A) They are busy with a new project.
(B) They need to work faster.
(C) They do not know a system well.
(D) They will show the woman around.

3. What will the woman need to provide?

(A) A draft of a proposal
(B) A form of identification
(C) Some keys
(D) Some price quotes

• Part 4

4. What does the speaker want the listeners to do a search on?

(A) Raw materials
(B) Neon signs
(C) Wooden furniture
(D) Paint colors

5. According to the speaker, what has been difficult lately?

(A) Scheduling an appointment
(B) Filling a job opening
(C) Attracting customers
(D) Reducing energy consumption

6. What does the speaker suggest listeners do?

(A) Sample a new menu item
(B) Buy a product elsewhere
(C) Submit a request
(D) Verify an account number

Part 5

7. The board will resume its monthly employee evaluations ------- Mr. Prestwick gets back from Boston on March 2.

(A) that
(B) once
(C) as well
(D) then

8. Mr. Wenders, ------- his personal assistant, will travel to Tokyo this weekend to meet with our Japanese clients.

(A) as soon as
(B) in order to
(C) along with
(D) in case of

9. Reed Corporation's employee carpooling ------- will not only benefit the environment but also strengthen staff relationships.

(A) initiative
(B) object
(C) impression
(D) preview

10. We collaborate with several charities to work ------- a common goal of improving the lives of local residents.

(A) of
(B) near
(C) outside
(D) toward

11. Daisy Landscaping performs a variety of services at ------- rates than most other companies in the industry.

(A) cleaner
(B) easier
(C) lighter
(D) lower

12. Several hiking trails in the national park are inaccessible ------- the recent heavy rain, making them hazardous.

(A) past
(B) due to
(C) much
(D) having

13. Because of a delay in payroll processing, some payments might not ------- our staff until Friday morning.

(A) arrive
(B) prefer
(C) cover
(D) reach

14. Ms. Montague has the ------- required to effectively reduce the company's annual expenditure.

(A) impression
(B) advancement
(C) experience
(D) decision

• Part 6

Questions 15-18 refer to the following e-mail.

To: Graham Vaughn <gvaughn@wizmail.com>
Subject: Your complaint

Dear Ms. Vaughn,

I am writing in reply to the feedback form you filled out on your flight from Rome to New York last week. I want to assure you that I **15.** ------- the matter fully, and I have given your complaint serious consideration.

After receiving the flight report, I forwarded the information **16.** ------- the regional director. He found that the flight path could have been altered to lessen the impact of the turbulence.

We would like to offer you either a 50 percent refund of your flight ticket price or a voucher for an upgrade to business class on your next flight with us. **17.** -------. **18.** ------- Blue Mountain Air, I wish to apologize for the problems you experienced on board our aircraft.

Yours sincerely,

Peter Tobin, Customer Service Manager
Blue Mountain Air

15. (A) investigate
(B) have investigated
(C) will investigate
(D) have been investigated

16. (A) with
(B) over
(C) among
(D) to

17. (A) You will be assured that our flights offer premium comfort.
(B) I would like to know which option you would prefer.
(C) The change in the route will be effective immediately.
(D) Please be sure to bring your passport when you check in.

18. (A) On behalf of
(B) In case of
(C) As a result
(D) As if

Part 7

Questions 19-20 refer to the following article.

New Langford Announces Major Construction Plan

March 18 - (New Langford) City officials announced an urban renewal project set to transform Waterford district. The area was formerly a prosperous commercial center and home to many high-profile retail outlets. However, businesses have gradually moved away from the area due to rising rental rates.

Following the impending demolition of several abandoned buildings, two spectacular apartment complexes will be constructed. Once complete, the apartments will be fully furnished and utilities will be included in the monthly rent. Additionally, an extensive shopping mall will be built on Havers Avenue. The mall will have an ice rink and cinema on the premises and should be up and running by next summer, provided there are no setbacks.

Critics of the plan have warned of congested roads. Former mayor John Bishop voices as an advocate for preserving New Langford's heritage. Mr. Bishop said, "The city council should divert these funds towards routine maintenance of existing infrastructure and restore historic buildings."

19. What is the article mainly about?

(A) A proposal to expand a shopping mall
(B) The development of a city neighborhood
(C) An increase in property prices in New Langford
(D) The demolition of local apartment buildings

20. What is indicated about Mr. Bishop?

(A) He no longer lives in New Langford.
(B) He is opposed to the council's plans.
(C) He is the owner of a local business.
(D) He previously worked for a construction firm.

정답 및 해설 p.84

Week 08
정답 및 해설

Day 01 기출 패러프레이징 ③

DAILY QUIZ

1.

남: 안녕하세요, 뉴욕시로 보내야 할 소포가 있습니다. 제 상황이 꽤 급해요.
여: 알겠습니다, 저희가 빠른 배송을 제공해 드리지만 12달러를 추가로 지불하셔야 합니다. 괜찮으시겠어요?

Q. 여자는 어떤 서비스를 설명하는가?
(A) 빠른 배송
(B) 실시간 위치 추적

어휘 expedited shipping 신속 배송 for an extra 12 dollars 12달러를 추가하여

2.

남: 장 씨를 위한 은퇴식 연회에 저와 함께 가시겠어요? 그는 작년에 우리가 긴밀히 협력했던 마케팅 대행사의 창립자입니다.
여: 저도 동행하고 싶지만 이 기회를 거절해야 할 것 같아요. 이번 주는 일정이 정말 빡빡하거든요.
남: 알겠습니다. 다른 사람에게 파티에 참석하고 싶은지 물어 볼게요.

Q. 여자는 왜 남자의 제안을 거절하는가?
(A) 참석해야 할 필수 교육이 있다.
(B) 매우 바쁘다.

어휘 reception 연회, 파티 collaborate with ~와 협력하다 closely 긴밀하게 accompany ~와 동행하다 turn down ~을 거절하다 packed 꽉 찬

3.

저희 미니 냉장고는 1인 가구와 기숙사 방에 적합합니다. 또한 조립이 쉬우며 잠글 수 있는 도어, 맞춤 설정 가능한 온도, 얼음 디스펜서 등의 고유한 기능도 제공합니다. 오늘 저희 웹사이트에서 저희 미니 냉장고에 대한 고객들의 의견을 확인해 보세요.

Q. 화자에 따르면, 청자들이 웹사이트에서 찾을 수 있는 것은 무엇인가?
(A) 설문 조사 질문
(B) 고객 후기

어휘 single household 1인 가구 dorm 기숙사 assemble ~을 조립하다 customizable 맞춤형의, 주문에 따라 만들 수 있는 review 후기, 평

Day 02 전치사

표제어 문제 정답 및 해석

1. (A)	**2.** (A)	**3.** (B)	**4.** (B)	**5.** (B)
6. (A)	**7.** (A)	**8.** (B)	**9.** (A)	**10.** (B)
11. (A)	**12.** (B)	**13.** (B)	**14.** (A)	**15.** (A)
16. (B)	**17.** (B)	**18.** (A)	**19.** (A)	**20.** (A)
21. (B)	**22.** (A)	**23.** (B)	**24.** (A)	**25.** (A)
26. (B)	**27.** (A)	**28.** (A)	**29.** (B)	**30.** (B)
31. (B)	**32.** (A)	**33.** (A)	**34.** (A)	**35.** (B)
36. (B)	**37.** (A)	**38.** (A)	**39.** (B)	**40.** (A)

1. 지난주에 작성한 의견 카드에 따르면, 우리의 새로운 디저트 메뉴는 큰 성공작이었다.
2. 아자드 사의 최고 재무 관리자인 필립 세이오무어 씨는 회사의 설립자를 대신하여 상을 받을 것이다.
3. 귀하의 이력서와 함께, 이전 그래픽 디자인 작업물의 포트폴리오를 제공해주십시오.
4. 마이클 왓슨의 2차 세계대전 동안의 새로운 영화

배경은 30세 이상의 영화관람객들 사이에서 가장 인기있는 것으로 증명됐다.

5. 저희의 야외 테라스의 테이블 예약은 적어도 2달 전에 미리 되어야 합니다.
6. VIP 패스를 가진 축제 참석자들만이 무대 옆에 있는 벽을 넘는 것이 허용된다.
7. 에너지 회사는 모든 고객들에게 전기 요금의 최근 인상에 관하여 이메일을 보냈다.
8. 새로운 볼링장의 건설은 새로운 오락 시설에 대한 지역 주민들의 수요에도 불구하고 취소되었다.
9. 이글 런 스키 슬로프는 오늘 위험한 기상 조건에 대한 우려로 인해 출입 금지이다.
10. 그 영화 감독을 제외하고 아무도 영화대본의 마지막 몇 페이지를 보는 것이 허용되지 않았다.
11. 그레타 잉글리스의 데뷔 음악 앨범에 대한 긍정적인 평가 후에, 그녀는 월드 투어에 나섰다.
12. 연료 가격의 상승을 감안하면, 더욱 더 많은 직원들이 자전거로 통근을 하는 것을 선택할 것이다.
13. 우튼 엔지니어링 사는 국가적으로 시행되는 정부 지침에 따라서 안전 점검을 수행한다.
14. 다양한 음식과 음료를 제공하는 것에 더하여, 마리온 케이터링 사는 경험이 많은 종업원들을 제공한다.
15. 유지보수팀은 다음 달의 비즈니스 소프트웨어 총회보다 앞서 전시회장의 오디오 시스템에 대한 문제를 고치려고 시도하고 있다.
16. 폭우의 경우에, 예술 공예 박람회는 페어랜드 공원 대신에 딩글리 커뮤니티 센터에서 개최될 것이다.
17. 시설관리 직원들을 포함하여 모든 메이페어 호텔 직원들은 5월 6일에 고객 서비스 워크숍에 반드시 참석해야 한다.
18. 필요한 허가를 얻는 것에 대한 지연으로 인해, 그 쇼핑몰의 건축은 이번 달 대신에 다음 달에 시작할 것이다.
19. 서동을 개조하는 것을 계획하고 있으므로, 모든 방문객들은 회사 본사 반대편의 공공 주차장을 사용해야 한다.
20. 보수 공사 프로젝트의 높은 비용 때문에, 회사 임원들은 연말 보너스를 못 받을 것이다.
21. 당분간, 각 승객마다 하나의 무료 음료의 제한이 있을 것이다.
22. 워크숍에 관계된 추가 정보는 곧 나누어 드릴 소책자에 상세히 설명되어 있습니다.
23. 새로운 직원들이 그들의 직무에 준비되는 것을 돕기 위해, 회사 안내서가 오리엔테이션 시간 이전에 각 직원들에게 보내졌다.
24. 존스 씨는 영업회의를 내일 개최하기보다는 차라리 다음주 수요일로 일정을 재조정하고 싶어 한다.
25. 휴가나 병가 정책에 관한 어떤 질문이라도 있으시다면, 귀하의 상사에게 언제든 연락하시기 바랍니다.
26. 리카르도 가구 사에서, 주문품의 크기와 상관 없이 표준 배송비는 10달러이다.
27. 베라니 씨와 달리, 코르테즈 씨는 뉴올리언스 지사로의 전근이라는 제안을 받아들였다.
28. 몬테나 마켓을 방문하시고, 다양한 최고의 패션 브랜드들에 대해 최대 50퍼센트까지 절약해보세요.
29. ACA 전자는 결함 있는 반품된 상품을 받은 3일 이내에 전액 환불을 귀하께 제공할 것입니다.
30. 연례 매출 보고서에 따르면, 3분기 금융분기 전반에 걸쳐 쭉 여러 문제들이 발생했다.
31. 우리의 새로운 에피타이저 메뉴에 대한 불만 사항을 고려하여, 우리는 원래 메뉴로 되돌아가기로 결정했다.
32. 저희 플래티늄 멤버십은 주요 운동 시설로의 표준 이용권 외에 사우나와 스파의 완전한 사용을 포함합니다.
33. 배송 시간에 대한 부정적인 피드백에 대응하여, 우리는 다른 배송 서비스 사와 일하기로 결정했다.
34. 청소 제품들이 포함한 유해한 화학약품 때문에, 그것들은 아이들의 손에 닿지 않는 곳에 보관되어야 한다.
35. 내년부터, 직원들은 회사에 의해 추천된 연금 기금 외에 다른 것에 납입할 수 있을 것이다.
36. 행사 프로그램에 목록화된 공연 시작 시간과 반대로, 발레 공연은 오후 4시보다는 오후 3시에 시작할 것이다.
37. 코브 해변에서의 불꽃놀이는 좋지 않은 날씨에도 불구하고 성공작이었다.

38. 로닌 5 스마트폰의 매출이 론스테인 씨의 이례적인 마케팅 전략 덕분에 이번 달에 두 배가 되었다.

39. 새로운 썬더 플라이어 롤러 코스터의 인기의 결과로서, 그 놀이공원은 분기별 입장권 판매에 대한 기록을 깼다.

40. 그 건축가는 건물 청사진의 초안을 다음 주 말쯤 공개할 계획이다.

DAILY QUIZ

7.

해석 영국 식당 가이드에 따르면, 험버사이드 비스트로는 국내에서 가장 광범위한 디저트 메뉴를 가지고 있다.

해설 빈칸 뒤에 명사가 있으므로 빈칸에 들어갈 알맞은 전치사를 찾아야 한다. 주절이 험버사이드 비스트로에 가장 광범위한 디저트가 있다는 내용이므로, British Restaurant Guide에 주절의 내용이 담겨 있다는 것을 알 수 있다. 따라서 '~에 따르면'이라는 의미의 출처를 나타내는 전치사 (B)가 정답이다.

어휘 **according to** ~에 따르면

8.

해석 라일러 연구소는 기존의 기기들을 수리하기 보다는 완전히 새로운 보안 시스템을 구입할 것이다.

해설 빈칸 앞뒤로 각각 동사 purchase와 repair가 이끄는 두 개의 동사구가 위치해 있고, '수리를 하기 보다는 새로운 것을 구입할 것'이라는 의미가 되어야 자연스러우므로 '~보다는 (차라리)'의 뜻을 가진 (B)가 정답이다.

어휘 **rather than** ~보다는 (차라리) **with regard to** ~에 관해서는

Day 03 다품사

표제어 문제 정답 및 해석

1. (A), (B)	**2.** (A), (B), (A)	**3.** (A), (B)	**4.** (B), (A)
5. (B), (A)	**6.** (A), (B)	**7.** (A), (B)	**8.** (B), (B)
9. (B), (A)	**10.** (B), (B)	**11.** (A), (B)	**12.** (B), (A)
13. (B), (A)	**14.** (A), (B)	**15.** (A), (B)	**16.** (A), (A)
17. (B), (B)	**18.** (B), (B)	**19.** (B), (A)	**20.** (A), (B)
21. (A), (B)	**22.** (A), (B)	**23.** (A), (B)	**24.** (A), (B)
25. (B), (A)	**26.** (A), (A)	**27.** (B), (B)	**28.** (B), (A)
29. (B), (A)	**30.** (B), (B)	**31.** (B), (B)	**32.** (B), (A)
33. (A), (B)	**34.** (A), (A)	**35.** (A), (B)	**36.** (B), (A)
37. (B), (B)	**38.** (A), (B)	**39.** (B), (A)	**40.** (A), (B)

1. 우리의 근무 일정의 변경에 따른 결과로, 몇몇 직원들은 평소보다 한 시간 일찍 출근해야 할 것이다.
우리 고객들에게 신속하게 배달을 하기 위해, 우리는 최근 사용하던 배송 서비스를 변경했다.

2. 위성 내비게이션 기기들은 GPS 기술의 최신 향상으로 인해 과거 그 어느 때보다 더 정확하다.
고론 전자는 새로운 스마트폰의 공식 출시에 우선하여 영업사원의 수를 늘렸다.
아크레이 협회의 세미나 시리즈는 마케팅 분야에서 개인들이 발전하도록 도울 것이다.

3. 햄튼 주식회사는 국내에서 자사의 시장 점유율을 높일 수 있는 엄청난 잠재력을 가지고 있다.
콜러 키친웨어 사는 지역 내에서 잠재 고객들에게 500개가 넘는 제품 카탈로그를 배포했다.

4. 우리 주방에서의 모든 기구와 절차들은 정부 보건 안전 기준을 따라야만 한다.
도시 내의 다른 호텔들과의 경쟁하기 위한 노력의 일환으로, 메그넘 호텔의 일반 객실 요금이 감소될 것이다.

5. 컴퓨터 모니터의 과잉 재고를 팔기 위해서, 호라이즌 전자는 그 제품의 가격을 낮췄다.

새로운 상품을 위한 공간을 만들기 위해 남은 재고는 50퍼센트 인하된 가격에 판매될 것이다.

6. 대표이사는 올레이 로지스틱스 사가 본사를 시애틀로 이전한다는 계획을 앞으로 추진할 것이라는 것을 확실히 했다.
일자리 공석에 관한 문의들은 인사부의 패트리시아 럼슨 씨에게 전송되어야 한다.

7. 한때 베이빌에서 가장 인기 있는 지역이었던, 갈랜드 하이츠는 현재 버려진 건물들로 가득차 있다.
일단 고객들이 제조 공장에 도착하면, 시설의 광범위한 견학을 할 것이다.

8. 이번 여름 재즈 음악 축제를 위한 공연자들의 전체 라인업이 이번 주 후반에 온라인에 게시될 것이다.
1차 면접을 거친 사람들은 추후 일자에 최종 면접을 위해 다시 초대될 것이다.

9. 영화의 개봉이 시범 상영에서 부정적인 피드백이 있은 후에 뒤로 밀렸다.
마감기한 후에 받은 기사들은 다음 달까지 출간되지 않을 것이다.

10. 할리데이 씨는 지역 사업체 소유주들로부터 자금을 확보하기 위해 상품 시연회를 준비했다.
벨베데레 진료소에서의 환자 기록은 항상 안전하게 유지된다.

11. 추가 요금 없이 선택하신 음료에 더하여 큰 사이즈의 팝콘을 받기 위해 어떤 영화든지 프리미엄 티켓을 구매하십시오.
귀하께서는 구매품에 대해 10퍼센트 할인을 받으실 것입니다. 게다가, 무료 선물도 받으실 것입니다.

12. 마틴 호지 씨는 매출과 관련된 여러 주제들을 포함한 20권 이상의 책들을 출간했다.
저희 식당 지점들 중 몇 개는 더욱 더 수익성이 있게 되지 않는다면, 폐업될 것 같습니다.

13. 흡연 감지기로부터의 계속되는 삐 하는 소리는 배터리가 거의 고갈되었다는 경보로서 기능한다.
비행 중 어떠한 난기류가 있다면, 기장은 즉시 승객들에게 알려줄 것이다.

14. 피에스타 멕시칸 레스토랑은 가까운 미래에 여러 새로운 채식 메뉴를 소개할 것이라고 발표했다.
오디오 가이드를 대여하고 싶으시다면, 매표소 근처에 있는 안내소를 방문해주십시오.

15. 새로운 공항 터미널에 대한 청사진의 최종 시안은 원래 디자인과 상당히 다르다.
귀하의 서류의 복사본은 저희 사무실에 보관될 것이지만, 원본은 기록된 우편 주소로 귀하께 다시 반환될 것입니다.

16. 모든 기술 컨퍼런스 참석자들은 이름표와 행사 프로그램 소책자를 제공 받을 것이다.
우리의 모든 제품들은 사용되지 않았다면 21일 이내에 환불을 위해 반품될 수 있습니다.

17. 크렌쇼 씨의 목표는 그의 발표로 잠재 고객들에게 깊은 인상을 줌으로써 우리 회사로 그들을 끌어들이는 것이다.
우리 웹 사이트의 주된 목표는 뉴스와 현재 사건들에 관한 객관적인 정보를 제공하는 것이다.

18. 1급 보안 인가 등급을 가진 직원들만이 엘빈 바이오에 사에서 연구실을 사용하는 것이 허용된다.
판매 허가증은 음식 축제에서 귀하께서 사용하는 부스나 카트에 분명히 보여져야 한다.

19. 일렉트라 전자에 의해 디자인된 새로운 핸드폰 모델의 예정된 출시일이 빠르게 다가오고 있다.
조지 엣웰 씨의 신입직원들을 교육시키려는 열정적인 접근은 그가 회사 내에서 좋은 평판을 얻게 해주었다.

20. 샘 피킨스 씨는 행크 틸러 씨가 자리에서 물러난 후에 새 이사장으로 임명되었다.
라구나 호텔은 골든 팜 리조트로 자사의 이름을 바꿀 것임을 발표했다.

21. 글린트 메뉴팩처링 사는 여러 웹 디자이너를 채용하려고 시도했지만, 아직도 많은 공석을 채우지 못하고 있다.
자신의 사업을 시작하려는 나카토미 씨의 최근 시도는 불충분한 투자로 인해 성공적이지 못했다.

22. 안타깝게도, 저희는 귀하께서 컴퓨터 사용 능력에 대한 필수 자격증이 없으시기 때문에 이번에 귀하께 그 직책을 제안할 수 없습니다.
동관의 재건축이 본사로부터의 자금 부족 때문에 보류되고 있다.

23. 직원들에게 무료 운동 시설을 제공하는 것은 회사의 의료보장 비용을 줄이는 데 도움이 될 수 있다.

자주 국제 전화를 하는 고객들께서는 특정 국가로의 통화를 더 낮은 요금으로 이용하실 수 있습니다.

24. 비록 엔진 결함이 수리를 위해 잠깐의 정지라는 결과를 낳았지만, 기차는 여전히 일정대로 보스턴에 도착했다.
도시 부두가에서 걸 아일랜드로 가는 배들은 여행 성수기 동안 매 15분마다 출발하도록 일정이 잡혀 있다.

25. 웨스트사이드 전기의 고객들은 회사가 3퍼센트의 연례 가격 인상을 발표한 것에 대해 실망했다.
크라운 플라자 호텔은 내년부터 스위트 객실의 요금을 인상하는 것을 결정했다.

26. 최근 저희 HQ104 복사기 구매에 감사드립니다.
30분의 중간 휴식 시간 동안 극장 방문자께서는 메인 로비에서 다과를 구매하실 수 있습니다.

27. 알레바 주방기기의 제조 과정은 생산율을 신장시키기 위해 개선되었다.
그린에이커 사는 재활용이 가능한 제품들을 가격이 적당한 건축 자재로 가공하는 것을 전문으로 한다.

28. 로스코 스키 리조트에서의 객실을 임대하기 희망하는 분은 유효한 신분증을 제시하고, 보증금을 지불하셔야 합니다.
이스트필드 아파트의 세입자 대다수는 그들의 아파트에 대해 18개월의 임대 계약에 서명했다.

29. 귀하의 요청에 따라, 채드 출판사는 <월간 스포츠 타임>에 대한 귀하의 구독을 즉시 취소할 것입니다.
재무부는 모든 직원들이 지출 보고서를 매주 금요일 오후 5시까지 제출할 것을 요청한다.

30. 저희 투자자들의 소중한 지원에 대해 감사를 표하기 위해, 저희는 연말 연회에 그분들을 초대할 것입니다.
루이즈 씨는 극장의 주 무대 위에 250개 이상의 조명을 지지하는 금속틀을 디자인했다.

31. 악천후로 인해, 정상으로 가는 등산로가 추후 안내 때까지 접근할 수 없을 것이다.
존스 씨가 직무 설명을 읽었을 때, 그녀는 여러 학력의 필수조건이 부족하다는 것을 알아차렸다.

32. 심코 솔루션사는 인터넷 사용자들의 행동과 웹사이트 선호도를 분석하고 다양한 고객들을 위해 그 결과를 편집한다.
더 싼 재료를 사용하려는 우리의 결정은 우리 고객들을 위한 더 가격이 알맞은 제품들이라는 결과를 낳을 것이다.

33. 그레이 씨와 베일리 씨는 홀넷 시스템 사와의 계약을 따낸 그들의 성과에 대한 보너스를 받았다.
마가렛 할리 씨는 브로드웨이 연극에서 그녀의 작품들로 수많은 상을 받아왔다.

34. 에이스 호텔의 프론트 데스크 직원은 이제 투숙객들에게 룸서비스 조식 또는 뷔페 상품권 중 선택권을 제공한다.
우리의 새로운 고객은 첫 상담에 대한 요금을 면제해준다는 우리의 제안에 대단히 감사하고 있다.

35. 모든 직원들은 가능한 한 빨리 웹 사이트에서 설문조사를 완료해야 한다.
건축의 첫 단계가 완료되자마자, 부지에 대한 철저한 안전 점검이 시행될 것이다.

36. 레이 커피 앤 도넛은 이번 여름에 토론토 시내에서 50번째 지점을 열 것이다.
그 워터파크는 학교 휴일 동안 오전 9시부터 오후 7시까지 방문객들에게 개장될 것이다.

37. 솔라리스 자동차 사는 공장 직원들이 직장에서 위험에 처하지 않는 것을 확실히 하기 위해 엄격한 안전 조치를 시행한다.
어떤 맞춤 커튼이든지 구매하시기 전에, 귀하께서는 귀하의 모든 창문의 수치를 정확하게 재야 합니다.

38. 대학교 학생들이 근무 경험으로부터 혜택을 얻을 수 있기 때문에, 많은 학생들이 우리의 여름 인턴십 직책에 지원한다.
플래티늄 회원권이 컨트리 클럽 회원들에게 제공하는 혜택들은 우선 주차와 클럽 시설에 대한 전체 이용권을 포함한다.

39. 아닛 씨는 로드 서비스 사에서 다양한 부서 내에서 직원들을 관리하는 것에 대한 폭넓은 경력을 가지고 있다.
샌더스 냉동 식품은 채식 식사 세트를 단종한 이후로 수익에서의 급격한 감소를 경험했다.

40. 오리엔테이션 시간은 참석자들이 채용 계약의 세

부사항을 읽을 수 있도록 15분의 휴식시간을 포함할 것이다.

각 달에, 음식 구독 서비스는 특정 지역 또는 국가로부터의 식사를 배달한다.

DAILY QUIZ

1.

해석 우리 새 공장의 조립라인 기계들은 매우 발전되어서 우리는 제조 과정을 잠재적인 투자자들에게 설명할 필요가 있다.

해설 빈칸에는 빈칸 뒤의 명사 investor을 수식하면서 발전된 기계의 제조 과정을 설명하는 대상을 나타낼 수 있는 어휘가 필요한데 이는 미래의 잠재적인 투자자가 되어야 자연스럽다. 따라서 '잠재적인, 가능성 있는'이라는 의미의 (A)가 정답이다.

어휘 **potential** 잠재적인, 가능성 있는 **vacant** 비어 있는

2.

해석 많은 환자들이 그들의 예약을 월말로 잡았기 때문에 저희 치과의사들은 현재 빈 예약 시간대가 몇 개 있습니다.

해설 빈칸에는 환자들이 잡은 예약 시간에 대한 시점을 나타내면서 이에 따라 치과의사들이 가지는 빈 예약 시간대의 시점을 나타낼 수 있는 어휘가 필요하다. 따라서 '~후에, 나중에'라는 의미의 (A)가 정답이다.

어휘 **slot** 시간(대), 자리 **later** ~후에, 나중에

3.

해석 자동차로부터 때때로 나는 삐 소리는 충돌이 곧 발생될 상태임을 알리는 경보의 기능을 한다.

해설 빈칸에는 차에서 나는 삐 소리가 충돌이 곧 발생한다는 것을 알리는 기능의 특성을 나타낼 수 있는 어휘가 필요하므로 '경보, 경계'의 의미의 (C)가 정답이다.

어휘 **emit** (소리, 열, 가스 등) ~가 나다, ~을 내다 **collision** 충돌 **imminent** 곧 발생될, 임박한 **alert** 경보, 경계 **authentication** 인증, 증명

4.

해석 우리 공장의 생산성은 9월과 12월 사이에 꾸준히 25퍼센트까지 상승했다.

해설 빈칸에는 빈칸 앞에 위치한 부사 steadily의 수식을 받으면서 공장의 생산성과 25 percent라는 수치의 관계를 나타낼 수 있는 어휘가 필요하므로 '상승하다, 인상하다'의 의미인 (B)가 정답이다.

어휘 **steadily** 꾸준히 **distribute** ~을 분배하다, 유통시키다 **increase** 상승하다, 인상하다

5.

해석 가구 경매 사이트를 둘러보는 사람들에게 적절한 정보를 제공하기 위해, 판매자들은 모든 물품을 온라인에 게시하기 전에 수치를 측정해야 한다.

해설 빈칸에는 온라인에 가구에 대한 정보를 제공하기 전에 판매자들이 해야 하는 행위를 나타낼 어휘가 필요하다. 따라서 '(수치를) 측정하다, 수치를 재다'라는 의미인 (D)가 정답이다.

어휘 **adequate** 적절한, 충분한 **measure** (수치를) 측정하다, 수치를 재다

6.

해석 모바일 앱 개발사는 경쟁사와의 합병 후 여러 새로운 프로젝트의 착수를 발표했다.

해설 빈칸 앞뒤로 명사구가 제시되어 있으므로 빈칸에는 이 둘을 연결할 수 있는 전치사가 필요하다. 선택지 중 전치사는 (B)와 (C)인데, 의미상 '합병 이후 새로운 프로젝트의 시작을 발표했다'라고 해석하는 것이 시간 순서상 자연스러우므로 '~후(에)'라는 의미의 (C)가 정답이다.

어휘 **toward** ~을 향해 **following** ~후(에)

Day 04 다의어

표제어 문제 정답 및 해석

1. (A), (A)	**2.** (B), (A)	**3.** (B), (A)	**4.** (B), (A)
5. (B), (A)	**6.** (A), (A)	**7.** (A), (B)	**8.** (B), (A)
9. (B), (A)	**10.** (A), (B)	**11.** (A), (A)	**12.** (B), (A)
13. (B), (A)	**14.** (B), (B)	**15.** (B), (B)	**16.** (B), (B)
17. (A), (A)	**18.** (A), (A)	**19.** (A), (B)	**20.** (B), (A)
21. (B), (B)	**22.** (B), (A)	**23.** (B), (A)	**24.** (A), (B)
25. (B), (A)	**26.** (B), (B)	**27.** (A), (B)	**28.** (A), (B)
29. (A), (A)	**30.** (A), (A)	**31.** (A), (B)	**32.** (A), (A)
33. (A), (B)	**34.** (B), (A)	**35.** (A), (A)	**36.** (A), (B)
37. (A), (B)	**38.** (B), (B)	**39.** (B), (B)	**40.** (A), (A)

1. 강 씨의 광범위한 제품에 대한 지식이 그녀의 인상적인 판매 성과의 이유들 중 하나이다.
극장 관객들은 공연이 시작되기 10분 전에 자리에 앉으시도록 정중히 요청됩니다.

2. 한때 재택 사업이었던, 휴잇 씨의 컴퓨터 수리 회사는 현재 8개의 장소에서 매장을 운영 중이다.
PC 위저드 사는 고급 컴퓨터 부대용품들을 갖춘 소매점을 개장했다.

3. 작성 완료된 지원서를 레가타 시스템 사의 인사부장에게 12월 5일 오후 5시까지 제출해주시기 바랍니다.
모든 직원들이 그 발표가 흥미롭다고 생각했지만, 대부분은 그들의 일상 업무에의 적용점이 거의 없다고 느꼈다.

4. 25년 동안의 영업 이후, 메인 스트리트에 있는 굿펠로우 베이커리는 영업을 중단할 것이다.
세마 콘서트 홀의 음향 기술자의 직무는 음악 공연장소에 있는 모든 음향 시스템의 작동을 확인하는 것이다.

5. 라 체즈 루즈에 자리를 예약하려면, 적어도 한 달 전에 미리 전화하는 것이 권고된다.
샤피로 씨는 비즈웰 통신사의 본사를 애쉬빌 교외 지역으로 이동하는 것에 대해 주저하고 있다.

6. 구성품이 대만에서 제조되지만, 타이푼 식기세척기의 조립은 호주에서 진행된다.
다음 주 수요일, 직원 모임이 오전 8시 30분에 3층에 있는 회의실에서 열릴 예정이다.

7. 모든 주민들이 카운티의 공립 학교들에게 무료 광대역 인터넷 서비스를 제공하려는 계획을 지지했다.
길리 씨는 파리로의 중요한 출장에 앞서 프랑스어를 배우는 데 엄청난 적극성을 보였다.

8. 도시 내 모든 주요 관광지들의 길안내를 위해, 상하이 관광 모바일 어플리케이션을 다운 받으시기 바랍니다.
론 크레인씨의 지휘 하에 있는 노무 부서는 높은 수준의 직원 만족도를 유지한 공이 크다고 여겨진다.

9. 힉슨 씨의 마케팅 부서는 새로운 광고 캠페인을 개발하기 위해 그래픽 디자이너들과 긴밀하게 일했다.
저희 기술 지원 직원들은 고객 문제를 적절히 해결하기 위해 자세히 듣는 것에 능숙합니다.

10. 레딩 인더스트리 사의 파산 신청 결정은 다소 갑작스러운 일이었으며, 많은 주주들을 고민에 빠뜨렸다.
영업이사는 누락된 데이터가 모두 입수될 때까지 차라리 회의의 일정을 재조정할 것이다.

11. 그 사업 세미나는 매우 유익했고, 각자의 업무에 적용할 여러 기술들을 참석자들에게 주었다.
나무 갑판에 새 광택제를 바르기 전에 모든 흙과 먼지를 제거하십시오.

12. 공장 근로자들은 안전 지침서에 적힌 지시를 따르는 것이 중요하다.
풀처 씨는 적절한 조사 또는 준비를 하지 않은 면접자들에 대해 비판적이다.

13. 환자 예약을 받을 때에는, 우리 치과에 처음 방문하는 것인지에 대한 여부를 적어주시기 바랍니다.
새로운 최고 재무 책임자의 임명은 자사의 수익과 이익을 빠르게 증가시키려는 회사의 의도를 암시한다.

14. 모든 참석자들은 페스티벌 장소로 출입하기 전에 손목밴드를 착용할 것이 요구된다.

특가 판매에 대한 소식을 받기 위해서는, 귀하의 휴대전화 번호와 이메일 주소를 모두 입력하시기 바랍니다.

15. 프란시스 협회 보조금은 사업가들이 그들의 사업 계획을 개발하는 것을 돕기 위해 고안되었다.
토론토에 본사를 둔 에바 전자는 아시아에 있는 여러 기술 회사와 공고한 관계를 발전시켜왔다.

16. 왈라가 베이 비치 리조트에 있는 모든 객실은 장관을 이루는 바다와 해안가 경치를 제공한다.
신문의 독자 의견란에 나타난 의견들이 반드시 저희 출판물의 견해를 반영하는 것은 아닙니다.

17. 샤타라 주식회사의 이사진들은 높은 수준의 고객 서비스를 회사의 최우선사항으로 여긴다.
회계부의 그 직무에 지원하는 것을 고려하는 직원들은 리코 씨에게 이메일을 보내야한다.

18. 블루 라인 테크놀로지 사는 자사의 신형 태블릿 컴퓨터 제품군을 홍보하기 위해 배우 켄 로드 씨를 고용했다.
칼 시몬스 씨는 샌드링햄 케이터링 회사의 최고 재무 책임자로 승진되었다.

19. 버튼 마케팅 사는 신규 고객들에게 도달하기 위한 노력의 한 부분으로 여러 온라인 마케팅 전문가들을 고용했다.
저희 고객 서비스팀은 전화나 자사 온라인 채팅 둘 중에 하나를 이용해 24시간 내내 연락될 수 있습니다.

20. 직원 여러분께서는 윌로우 밸리 야유회의 비용에 3일 간의 숙박 및 식사 비용이 포함된다는 점을 유념하시기 바랍니다.
존스 씨는 오리엔테이션 동안에 자신이 다룰 주요 주제들에 대해 간략히 설명하는 유인물을 각 신입 직원들에게 주었다.

21. 도시 버스 투어 중에 개인 소지품을 챙기는 것은 각 승객들의 책임입니다.
상급 행사 담당자의 업무는 고객과 연락하는 것과 정기적인 프로젝트 상황 업데이트를 제출하는 것을 포함한다.

22. 링 씨는 실험실 물품을 더 주문하기 전에 전체 재고를 확인할 것이다.
퍼시픽 인더스트리 사는 회사의 보건안전 절차에 대한 광범위한 검토를 지시했다.

23. ALG 소프트웨어 사가 11월에 디지털 드림 게임 사를 인수할 때, 모든 직원들은 새로 건축된 본사에서 함께 근무할 것이다.
저희는 충분한 로열티 포인트를 얻으신 고객들께 매우 다양한 선물과 보상을 제공합니다.

24. 증가하는 수요를 만족시키기 위해, 공장 직원들은 이번 주에 500대 이상의 새 자동차를 조립할 것이다.
텔러 씨가 우리의 홍보 자료를 만들기 전에, 그는 숙련된 작가들을 한 팀으로 모을 것이다.

25. 휴대폰 출시 행사는 대략 한 시간 정도 지속될 것이고, 기기의 시연으로 종료될 것이다.
재정 고문들은 회사가 운송 비용을 상당히 줄일 수 있을 것이라고 결론을 내렸다.

26. 총회와 컨퍼런스에 가는 영업 이사들은 환급을 위해 영수증을 제출해야 한다.
결함이 있는 기기의 수령 즉시, 저희가 수리를 위한 예상 시간에 대해 연락 드리겠습니다.

27. 그 밴드는 어떤 상황에도 이상적인 노래들의 공연 목록을 만들 수 있다.
코든 시는 250년 전에 설립되었는데, 시 의회가 이 특별한 사건을 거리 페스티벌로 기념할 것이다.

28. 저희 옥상 식사 자리의 테이블을 예약하고 싶으시다면, 적어도 2주 전에 미리 저희에게 연락 주십시오.
스칸도 여행사는 비용을 명시된 마감일까지 받지 못한다면 여행 예약들을 취소할 권한을 보유한다.

29. 현재 저희가 귀하께 적합한 채용 공고를 보유하고 있지 않지만, 다음을 위한 참고로 귀하의 이력서를 보관할 것입니다.
지원자들은 지원서와 이력서, 그리고 자기소개서와 함께 추천서 목록을 포함해야 한다.

30. 애쉬포드 쇼핑몰의 보수공사 완료일자는 5월 2일로 기한이 연장되었다.
사업 소유주들은 제조 시설을 견학하는 데 관심이 있던 여러 잠재적인 투자자들에게 초대장을 전했다.

31. 계약 조건에 동의하시는 경우, 두 개의 사본에 모두 서명하신 후 우편을 통해 한 부를 저희 캐롤턴

사무실로 보내주십시오.

리우드 시 시장으로서의 그의 임기 동안, 조지 랄스턴 씨는 마을 대중교통 체계에 대해 수많은 개선을 했다.

32. 회사의 대표이사는 이달 말 전에 마케팅 이사 직책을 충원하는 것이 목표이다.

유명한 요리사 안젤라 부스 씨를 고용하고 메뉴를 수정함으로써, 로욜라 비스트로는 지역 식당들 사이에서 정상의 위치로 올라갈 것이다.

33. 조립 라인 기사 공석에 지원하실 때에, 그 직무가 주말 교대 근무를 포함한다는 것을 알아두시기 바랍니다.

마케팅 접근법에서의 놀라운 변화로, 스위프트 스포츠웨어 사는 더 이상 유명 운동선수의 홍보를 추구하지 않는다.

34. 저희는 <하이 패션 매거진>의 지난달 호가 디자이너 마리카 헴스워스 씨에 대한 부정확한 정보를 포함한 것을 사과 드립니다.

지방 의회 의원들은 도로 보수부터 소음 불만사항까지 다양한 주민 문제를 논의할 수 있다.

35. 환불이나 교환을 원하는 고객들은 우리 웹 사이트를 통해 전자 서식을 제출해야 한다.

배링거 씨의 은퇴 저녁식사에서, 그는 그의 후임을 소개하며 그녀의 주목할 만한 사업 성과들을 소개했다.

36. 체육관 회원들은 탈의실을 떠나기 전에, 그들의 모든 소지품을 사물함에 넣은 것을 확실히 해야 한다.

회의 끝에, 도슨 씨는 책상에 발표 자료 몇 부를 추가로 남겨두었다.

37. 존스 씨는 신입 직원들을 공장 및 그에 인접한 사무실 건물들의 견학에 데려갈 것을 제안했다.

빅 애플 택시에서 일하는 기사들은 보통 그들의 점심 휴식 시간으로 약 45분이 걸린다.

38. 가필드 씨가 구입한 책장이 너무 넓었기 때문에, 그녀는 그것을 가구 매장에 반품했다.

참가자들은 워크숍에서 돌아온 7일 이내로 수료 증명서를 받을 것이다.

39. 저희 호텔은 행사 기획자들이 행사를 위한 가장 적합한 객실을 결정하는 것을 돕도록 각 객실에 대한 영상을 제공할 수 있습니다.

기술자들은 여전히 조립 라인의 오작동 원인을 알아내기 위해 시도하고 있다.

40. 부서의 중요한 결정을 내릴 때, 월레스 씨는 그의 직원들에게 의견에 대해 상담하는 것이 유용하다는 것을 안다.

이용 가능한 간식과 음료의 전체 제품군을 보기 위해서는 기내의 잡지를 참조해주시기 바랍니다.

DAILY **QUIZ**

1.

해석 제품들이 배송을 위해 준비될 때마다, 결함을 확인하는 것은 창고 관리자의 담당 업무이다.

해설 빈칸에는 특정 직책을 가진 사람과 결함이 있는지 확인하는 일의 연결성을 나타낼 어휘가 필요하므로 '담당 업무, 직무'를 뜻하는 (B)가 정답이다.

어휘 **responsibility** 담당 업무, 직무

2.

해석 많은 부동산 웹 사이트는 주택 구매자들이 빌릴 수 있는 근사치의 금액을 알아내는 데 도움을 주는 주택담보대출 계산기를 포함하고 있다.

해설 빈칸에는 주택 구매자들이 주택을 구매할 때 부동산 웹 사이트를 통해 그들이 빌릴 수 있는 금액에 대해 도움을 받을 수 있는 행위를 나타내는 어휘가 필요하므로 '~을 알아내다'라는 뜻의 (B)가 정답이다.

어휘 **mortgage** 주택담보대출 **approximate** 근사치의, 거의 유사한 **amount** 양 **broaden** ~을 넓히다 **determine** ~을 알아내다

3.

해석 리 벨리 컨트리 클럽 회원들은 프리미엄 회원권을 위해 반드시 매년 연장 신청서를 제출해야 한다.

해설 빈칸에는 회원권 연장을 위해 제출해야 하는 대상을 나타낼 수 있는 어휘가 필요하므로 '신청(서), 지원(서)'를 의미하는 (B)가 정답이다.

어휘 **application** 신청(서), 지원(서)

4.

해석 비록 일부 개별 부품들이 중국에서 생산되지만, 고핏 러닝머신의 조립은 영국에서 실시된다.

해설 빈칸에는 개별 부품이 다른 곳에서 제조되는 것과 대비되는 일을 나타내면서, 제품 생산 과정의 하나에 해당되는 어휘가 필요하므로 '조립'을 뜻하는 (C)가 정답이다.

어휘 take place (일, 행사 등이) 일어나다, 발생되다 assembly 조립

5.

해석 이 계약 조건에 따라, 귀하께서는 프리랜서 작업 과제를 늦어도 매일 오후 5시까지 제출하시는 것이 요구됩니다.

해설 빈칸에는 작업 과제를 특정 시간에 제출해야 하는 것의 근거를 나타낼 수 있는 어휘가 필요하므로 '(계약) 조건'이라는 뜻의 (B)가 정답이다.

어휘 in accordance with ~에 따라 terms (계약) 조건

6.

해석 주민들이 다음 주에 시행되는 수도 사용 제약에 대해 유념하는 것은 중요하다.

해설 빈칸에는 다음 주에 시행될 예정인 제약에 대해 유념하는 것의 특성을 나타낼 수 있는 어휘가 필요하므로 '중요한'이라는 의미의 (B)가 정답이다.

어휘 come into effect 효력을 발생하다 critical 중요한 cautious 신중한

Week 08 실전 TEST

1. (C)	**2.** (C)	**3.** (B)	**4.** (D)	**5.** (C)
6. (B)	**7.** (B)	**8.** (C)	**9.** (A)	**10.** (D)
11. (D)	**12.** (B)	**13.** (D)	**14.** (C)	**15.** (B)
16. (D)	**17.** (B)	**18.** (A)	**19.** (B)	**20.** (B)

1-3.

W: Excuse me, I'm from Gateway Technologies, the security management company that operates at this hospital. I was told that **1** I'm supposed to assist the IT department with some wiring and cabling. Do you know where I should go?

M: Oh, you must be responsible for the tech support we've been needing for our security system. **2** None of our staff are familiar with connecting the various components, so we need your help. Thanks for finally stopping by.

W: Thanks for being patient! I was out of town for the past week.

M: We understand. Anyway, the IT department is adjacent to the intensive care unit. **3** You'll need to show your photo ID or else you'll be prohibited from entering.

여: 실례지만, 저는 이 병원에서 운영되고 있는 보안 관리 업체인 게이트웨이 테크놀로지 사에서 온 사람입니다. 제가 일부 배선 및 케이블 관련 작업에 대해 IT부를 지원해야 한다는 얘기를 들었습니다. 제가 어디로 가야 하는지 아시나요?

남: 아, 저희 보안 시스템에 계속 필요로 하고 있던 기술 지원 업무를 책임지고 계신 분이 틀림없는 것 같네요. 저희 직원들 중에는 다양한 부품을 연결하는 일에 익숙한 사람이 아무도 없기 때문에, 도움이 필요합니다. 드디어 들러 주셔서 감사합니다.

여: 참고 기다려 주셔서 감사합니다! 제가 지난 한 주

동안 다른 지역에 가 있었습니다.

남: 알겠습니다. 어쨌든, IT부는 중환자실과 가까운 곳에 있습니다. 사진이 있는 신분증을 제시하셔야 하는데, 그렇지 않으면 출입이 금지될 것입니다.

어휘 be supposed to do ~해야 하다, ~하기로 되어 있다 component 부품 adjacent to ~와 가까운, ~에 인접한 be prohibited from -ing ~하는 것이 금지되다

1. 여자는 누구일 것 같은가?
(A) 자원봉사자
(B) 의사
(C) 기술자
(D) 사진가

2. 남자가 일부 직원들과 관련해 무슨 말을 하는가?
(A) 새 프로젝트로 바쁘다.
(B) 더 빨리 일해야 한다.
(C) 시스템을 잘 알지 못한다.
(D) 여자에게 곳곳을 둘러보게 해 줄 것이다.

Paraphrase None of our staff are familiar with connecting the various components → do not know a system well

3. 여자는 무엇을 제공해야 하는가?
(A) 제안서 초안
(B) 한 가지 형태의 신분증
(C) 몇몇 열쇠들
(D) 몇몇 가격 견적서

Paraphrase photo ID → A form of identification

4-6.

Alright everyone, we're very close to finalizing our remodeling plans. As one of the last steps, **4** I want each of you to research the best paint colors that will give our space a vibrant and welcoming atmosphere. **5** Attracting customers to visit our café has been challenging with more and more coffee shops opening up near us lately. Also, I've noticed that there's been a surplus of packaged cookies that we keep having to discard every month. **6** How about we stop purchasing them online in bulk and instead get them from the supermarket from now on?

좋습니다, 여러분, 우리 보수 공사 계획을 최종 확정하는 데 아주 가까워진 상태입니다. 마지막 단계들 중의 하나로, 저는 여러분 각자가 우리 공간에 활기차고 따뜻하게 맞이하는 분위기를 제공해 줄 최상의 페인트 색상을 조사해 주셨으면 합니다. 우리 카페를 방문하도록 고객들을 끌어들이는 것이 최근에 우리 근처에 문을 여는 커피 매장들이 점점 더 많아지면서 어려운 일이 되었습니다. 또한, 우리가 매달 계속 폐기 처분해야 하는 여분의 포장 쿠키가 있었다는 사실도 알게 되었습니다. 그것들을 온라인에서 대량으로 구매하는 것을 중단하고, 대신 지금부터는 슈퍼마켓에서 구입하면 어떨까요?

어휘 finalize ~을 최종 확정하다 vibrant 활기찬 welcoming 따뜻하게 맞이하는 atmosphere 분위기 with A -ing A가 ~하면서, A가 ~하는 채로 surplus 여분, 과잉 discard 폐기 처분하다 in bulk 대량으로

4. 화자는 청자들에게 무엇에 대해 조사하기를 원하는가?
(A) 원자재
(B) 네온 사인
(C) 목재 가구
(D) 페인트 색상

5. 화자의 말에 따르면, 최근에 무엇이 어려웠는가?
(A) 예약 일정을 잡는 일
(B) 공석을 충원하는 일
(C) 고객을 끌어들이는 일
(D) 에너지 소비를 줄이는 일

6. 화자는 청자들에게 무엇을 하도록 권하는가?
(A) 새 메뉴 항목을 시식해 보는 일
(B) 제품을 다른 곳에서 구입하는 일
(C) 요청서를 제출하는 일
(D) 계좌 번호를 확인해 주는 일

어휘 **sample** v. ~을 시식하다, ~을 시음하다

Paraphrase instead get them from the supermarket from now on → Buy a product elsewhere

7.

해석 프레스트윅 씨가 3월 2일에 보스턴에서 돌아오면 이사회가 월간 직원 평가를 재개할 것이다.

해설 빈칸 앞뒤로 주어와 동사가 각각 포함된 절이 위치해 있으므로 빈칸은 접속사 자리이며, 프레스트윅 씨가 돌아오는 것이 직원 평가를 재개하는 조건에 해당되므로 '(일단) ~하면, ~하자마자'라는 의미로 조건을 나타낼 때 사용하는 (B)가 정답이다.

어휘 **resume** ~을 재개하다 **evaluation** 평가(서) **once** (일단) ~하면, ~하자마자

8.

해석 웬더스 씨는, 그의 개인 비서와 함께, 우리의 일본 고객들과 만나기 위해 이번 주말에 도쿄로 출장을 갈 것이다.

해설 빈칸 뒤에 명사가 위치해 있으므로 빈칸은 전치사 자리인데, 빈칸 뒤에 제시된 내용이 도쿄로 출장갈 것이라는 의미이므로 웬더스 씨의 개인 비서는 그 출장을 함께 가는 대상임을 알 수 있다. 따라서 '~와 함께'라는 의미의 (C)가 정답이다.

어휘 **along with** ~와 함께, ~을 따라서
in case of ~인 경우에 대비하여

9.

해석 리드 주식회사의 직원 카풀 계획은 환경에 이로울뿐만 아니라, 직원 간의 관계도 강화할 것이다.

해설 빈칸에는 빈칸 앞에 위치한 명사구 employee carpooling과 복합명사를 구성하며, 직원의 카풀이 미래에 환경과 관계에 있어서 가져올 긍정적인 부분을 설명할 수 있어야 하므로 '계획'을 뜻하는 (A)가 정답이다.

어휘 **strengthen** ~을 강화하다, 더 튼튼하게 하다 **initiative** 계획, 법안 **impression** 인상, 감명

10.

해석 우리는 지역 주민들의 삶을 개선시킨다는 공통의 목표를 향하여 일하는 여러 자선단체들과 협업한다.

해설 빈칸에는 빈칸 앞에 제시된 동사 work와 함께 쓰여 '공통의 목표를 향하여 일한다'는 문맥이 되어야 자연스러우므로 '~을 향하여'라는 뜻의 (D)가 정답이다.

어휘 **charity** 자선단체 **toward** ~을 향하여, ~쯤

11.

해석 데이지 랜드스케이핑 사는 업계에서 대부분의 다른 회사들보다 더 낮은 요금으로 다양한 서비스를 실시한다.

해설 빈칸에는 빈칸 뒤에 제시된 명사 rates를 수식해 그 수준과 관련된 의미를 나타낼 수 있는 어휘가 필요하므로 '더 낮은, 인하된'을 뜻하는 (D)가 정답이다.

어휘 **rate** 요금 **lower** 더 낮은, 인하된

12.

해석 국립 공원의 여러 등산로가 최근 폭우로 인해 위험해져 접근할 수 없다.

해설 빈칸 앞에 완전한 절이, 빈칸 뒤에 명사구가 있으므로 빈칸은 전치사 자리이다. 따라서 선택지 중 전치사인 (A)와 (B) 중에서 정답을 골라야 하는데, 빈칸 뒤에 제시된 폭우가 등산로에 접근할

수 없는 원인에 해당되므로 '~로 인해, ~ 때문에' 라는 뜻의 (B)가 정답이다.

어휘 hiking trail 등산로 inaccessible 접근할 수 없는 hazardous 위험한 due to ~로 인해, ~ 때문에

13.

해석 급여 지급 처리의 지연 때문에, 일부 지급금은 금요일 오전이 되어야 직원들에게 갈 것이다.

해설 빈칸에는 빈칸 뒤에 제시된 특정 시점까지 급여의 상태에 대해 설명할 수 있는 어휘가 필요하므로 '지급금이 직원들에게 가다'라고 해석하는 것이 자연스럽다. 따라서 '~에 가다, 도달하다'라는 의미를 갖는 (D)가 정답이다.

어휘 not A until B B나 되어야 A하다 reach ~에 가다, 도달하다

14.

해석 몬태규 씨는 회사의 연간 지출을 효과적으로 줄이기 위해 요구되는 경력을 갖고 있다.

해설 빈칸에는 주어인 몬태규 씨가 가지고 있는 회사의 지출을 줄이기 위해 필요한 대상을 나타낼 수 있는 어휘가 필요하므로 '경력, 경험'이라는 의미의 (C)가 정답이다.

어휘 effectively 효과적으로 expenditure 지출 advancement 발전, 승진

15-18.

수신: 그라함 본 <gvaughn@wizmail.com>
제목: 귀하의 불만사항

본 씨께,

지난주 귀하가 탑승하신 로마를 출발하여 뉴욕으로 향하는 비행편에 대해 작성하신 피드백 양식에 답변을 보내 드립니다. 저는 그 문제를 충분히 **15** 조사하였고, 진지하게 귀하의 불만사항을 숙고하였다는 점을 확실히 알려드리고 싶습니다.

비행 보고서를 받은 후, 저는 지역 관리자 **16** 에게 그 정보를 전달했습니다. 그는 난기류의 영향을 줄이기 위해 항로를 변경할 수 있었다는 것을 밝혀냈습니다.

저희는 귀하에게 비행기표 가격의 50퍼센트를 환불해 드리거나, 다음 번 저희 항공을 이용하실 경우 비즈니스석으로 업그레이드 하실 수 있는 상품권 중 하나를 제공해드리고자 합니다. **17** 귀하가 어느 선택사항을 선호하는지 알고 싶습니다. 블루 마운틴 항공사 **18** 를 대표하여, 귀하께서 저희 기내에 탑승하여 겪으신 문제에 대해 사과 드리고 싶습니다.

안녕히 계십시오.

피터 토빈, 고객서비스부장
블루 마운틴 항공사

어휘 in reply to ~에 대한 답변으로 assure A that A에게 ~임을 확실히 알려주다 forward ~을 전달하다, 보내다 path 경로, 길 alter ~을 변경하다 lessen ~을 줄이다 turbulence 난기류 on board 탑승하여

15.

해설 빈칸 앞에 비행편에 탑승한 고객이 피드백을 남긴 후에 그것에 대해 '조사했다'는 흐름이 자연스러우므로 빈칸에는 과거시제나 현재완료시제가 와야 한다. 빈칸 뒤 and로 이어진 문장에서 have given이라는 현재완료시제가 쓰였으므로 (B)가 정답이다.

16.

해설 빈칸 앞에 '정보를 전달했다'는 내용이, 빈칸 뒤에 그 대상이 제시되어 있으므로 '~에게'라는 의미의 (D)가 정답이다.

17. (A) 귀하는 저희의 비행기가 우수한 안락함을 제공해드린다는 점을 확신하실 것입니다.
(B) 귀하가 어느 선택사항을 선호하는지 알고 싶습니다.
(C) 항로의 변경은 즉시 시행될 것입니다.
(D) 체크인 시에 반드시 귀하의 여권을 가지고 오시기 바랍니다.

해설 빈칸 앞 문장에서 50퍼센트 환불이나 좌석 업그레이드 상품권이라는 선택지를 제안하였으므로 이와 이어지는 옵션 선택을 언급한 (B)가 정답이

다.

어휘 effective 시행되는, 효력이 있는

18.

해설 빈칸 뒤에 고유명사가 제시되어 있으므로 빈칸은 전치사 자리인데, 이 이메일의 작성자인 고객 서비스 부장이 회사를 대신하여 사과의 말을 전하고 싶다고 하는 것이 자연스러우므로 '~을 대신하여, 대표하여'라는 의미의 (A)가 정답이다.

어휘 on behalf of ~을 대신하여, 대표하여 in case of ~하는 경우에 대비하여 as if 마치~인 것처럼

19-20.

> **뉴 랭포드 시가 주요한 건설 계획을 발표하다**
>
> 3월 18일 - (뉴 랭포드) **19** 시 공무원들이 워터포드 구역을 완전히 바꿔놓을 준비를 하는 도시 갱생 프로젝트를 발표했다. 이 지역은 예전에 번영하는 상업용 센터였으며, 세간의 이목을 끄는 많은 소매점들의 고향이었다. 하지만, 사업체들은 증가하는 임대료로 인해 그 지역에서 점차 떠나갔다.
>
> 여러 버려진 건물들의 임박한 철거 이후, 두 개의 장관인 아파트 복합단지가 건설될 것이다. 일단 완성이 되면, 그 아파트들은 가구를 완벽히 갖추고 있을 것이며, 수도, 전기, 가스 등의 비용이 월 임대료에 포함될 것이다. 추가적으로, 광범위한 쇼핑몰이 하버스 에비뉴에 지어질 것이다. 그 쇼핑몰은 부지 내에 아이스링크와 영화관을 갖추고 있을 것이고, 차질이 없다면, 다음 여름까지 제대로 운영될 것이다.
>
> 이 계획의 비평가들은 혼잡한 도로를 경고해왔다. **20** 전 시장이었던 존 비숍 씨는 뉴 랭포드 시의 유산을 보호하는 것에 대한 옹호자로서 목소리를 내고 있다. 비숍 씨는 "시 의회는 이러한 자금을 현존하는 사회 기반 시설의 정기적인 유지보수를 향해 방향을 바꿔야 하며, 역사적 건물들을 복원해야 한다."라고 말했다.

어휘 transform ~을 완전히 바꿔 놓다 prosperous 번영하는 high-profile 세간의 이목을 끄는 move away from ~에서 떠나가다, 이동하다 following ~ 이후 impending 임박한 demolition 철거, 폭파 abandoned 버려진 spectacular 장관인 on the premises 부지에 up and running 제대로 운영되는 setback 차질 advocate 옹호자 divert ~의 방향을 바꾸다

19. 이 기사는 주로 무엇에 관한 것인가?

(A) 쇼핑몰을 확장하자는 제안
(B) 도시 지역의 개발
(C) 뉴 랭포드 시에서의 부동산 가격 상승
(D) 지역 아파트 건물의 철거

해설 첫 번째 문단에서 시의 공무원들이 도시 지역을 바꿔 놓을 갱생 프로젝트를 발표했다고 언급되어 있으므로 도시 지역 개발에 대한 내용의 (B)가 정답이다.

어휘 neighborhood 지역, 지방

20. 비숍 씨에 대해 알려진 것은 무엇인가?

(A) 더 이상 뉴 랭포드 시에 살지 않는다.
(B) 시의 계획에 반대한다.
(C) 한 지역 사업체의 소유주이다.
(D) 이전에 건설 회사에서 일했다.

해설 마지막 문단에서 전 시장이었던 비숍 씨는 자금을 기존 건물에 대한 정기 유지보수와 역사적 건물들을 복원하는 비용으로 써야 한다고 주장하며, 시의 유산을 보호하자는 입장이므로 시의 개발 계획에 반대하고 있는 것을 알 수 있다. 따라서 (B)가 정답이다.

어휘 no longer 더 이상 ~않다